W0306111

ZAUBERHAFTER LAVENDEL

ELLEN SPECTOR PLATT

Zauberhafter LAVENDEL

Weltbild

Genehmigte Lizenzausgabe für Verlagsgruppe Weltbild GmbH,
Steinerne Furt, 86167 Augsburg

Deutsche Erstausgabe

Titel der bei STACKPOLE BOOKS, 5067 Ritter Road,
Mechanicsburg, PA 17055, USA
erschienenen Originalausgabe: Lavender
World Copyright © Ellen Spector Platt
Copyright © 2005 der Deutschen Übersetzung by
Verlagsgruppe Weltbild GmbH, Steinerne Furt, 86167 Augsburg
Aus dem Englischen übersetzt von Dr. Eva Dempewolf
Umschlaggestaltung: Studio Höpfner-Thoma, München
Umschlagmotiv: corbis/stockfood
Gesamtherstellung: Offizin Andersen Nexö Leipzig GmbH,
Spenglerallee 26–30, 04442 Zwenkau
Printed in Germany
ISBN 3-8289-3434-X

Alle Rechte vorbehalten.

Einkaufen im Internet: *www.weltbild.de*

Für die kommende Gärtnergeneration
Niki, Laney, Emily und Max

Inhalt

Dank

Zu größtem Dank verpflichtet bin ich meinen wichtigsten »Lavendeldetektiven«, die mit ihrem geschulten Auge manch einen farbenprächtigen Purpurschleier ausfindig machten – sei es im verkehrsreichen Straßengewirr der Großstadt oder mit 100 km/h auf der Autobahn –, und die meine Sinne schärften für fantastische Fotomotive: Anne und Alex Scott, Dolores Delin, Christine Gaffney und Ben Platt, dem Adlerauge der Familie, der immer wieder unglaubliche verborgene Schätze entdeckt.

Mein Dank gilt auch all den lieben Menschen, die mir in großzügiger Weise erlaubten, ihre außergewöhnlichen Gärten zu fotografieren, auf deren Gestaltung sie so viel Mühe und Arbeit verwendet haben: Toni Groff, Joe Quesada, Louise und Cyrus Hyde von der Well-Sweep Herb Farm, Barbara A. Steel von der Alloway Creek Gardens and Herb Farm, Mary Vogel von der Lavender Hedge, Pauline Pettitt-Palenik von der Cool Spring Lavender Farm, sowie Ruth Flounders von der Sculp's Hill Herbary.

Über alle Maßen schätze ich das Talent des Naturfotografen und Lehrers Alan Rokach, dessen Bemerkungen mir jedes Mal in den Ohren klingen, wenn ich auf den Auslöser drücke. Sein Wissen, seine Erfahrung und seinen künstlerischen Blick teilt er so großmütig, dass jeder seiner Studenten unweigerlich davon profitiert. Dank sage ich auch Christine Gaffney für ihre unzähligen kreativen Beiträge als Bildberaterin.

Auch Kyle Weaver, die zwei meiner Bücher betreut hat, danke ich herzlich für ihren unermüdlichen Einsatz, ihren Humor und ihr sorgsames Auge für kleinste Details. Ebenfalls Dank sagen möchte ich auch Katherine Powis, der engagierten Bibliothekarin der New York Horticultural Society, die mir sehr geholfen hat.

EINLEITUNG

Lavendel, süßer Lavendel

Ein Hauch von Lavendelduft bringt Kindheitserinnerungen zurück: Vor dem Schaufenster von Whitman's, der berühmtesten Konditorei in Philadelphia, steht der Lavendelmann mit schlohweißem Haar und vernarbtem Gesicht. Um den Hals hat er an einer dicken Kordel sein Verkaufsbrett hängen, darauf ein violettblaues Farbenmeer von Lavendelknospen, deren süß duftender Wohlgeruch den Passanten auf dem Weg zu den vornehmen Geschäften der Chestnut Street entgegenströmt. »Lavendel, süßer Lavendel, das Päckchen für fünf Cent, sechs für fünfundzwanzig«, preist er seine Ware in kleinen, durchsichtigen Tütchen an. Der Lavendelmann stützt sich auf Krücken, denn er hat nur ein Bein. Seit vielen Jahren steht er immer am gleichen Fleck, immer vor Whitman's, wo elegante Damen sich zum Lunch treffen oder um die leckeren Buttertoffees zu naschen.

Viele Menschen verbinden mit dem süßen Duft von Lavendel Erinnerungen an ihre Kindheit. Rund fünfzig Jahre später, als ich auf der Blumenausstellung in Philadelphia meinen Stand mit Bündeln und Sträußen dieser süß duftenden Blumen schmückte, blieben immer wieder ganz spontan Besucherinnen stehen, schnupperten und schwelgten in sehnsuchtsvoller Erinnerung – »Als ich ein kleines Mädchen war …«

***L. angustifolia* lockt Schmetterlinge und Bienen in den Cloisters Museum Garden, einen typischen Klostergarten, wo früher die Mönche sich und auch ihre Kleidung wuschen.**

KAPITEL EINS

Lavendel-Sorten

Als eigentliche Heimat des Lavendels nennen die meisten Quellen den Mittelmeerraum: Griechenland, Frankreich, Spanien und die Küste Nordafrikas. Doch einige Botaniker glauben, dass auch Indien zum ursprünglichen Verbreitungsgebiet dieses aromatischen Strauches gehört haben könnte. Die Römer verwendeten ihn zum Parfümieren und Desinfizieren ihrer Thermen, und möglicherweise waren sie es auch, die den Lavendel auf ihren Feldzügen über die Alpen und schließlich nach Mitteleuropa brachten. Später dann war der Lavendel eine der Pflanzen, die die frühen Kolonisten mit nach Amerika nahmen, um sich in der Neuen Welt etwas heimischer zu fühlen.

Der botanische Gattungsname des Lavendels lautet *Lavandula*, was sich von dem lateinischen Wort *lavandus* (»zu waschend«) oder *lavare* (»waschen«) ableitet. Gemeinsam mit Rosmarin, Minze und Salbei gehört Lavendel zu den Lippenblütlern, *Labiatae,* und weist alle typischen Merkmale dieser Familie auf: vierkantigen Stängel, kreuzgegenständige Blätter und eben die Lippenblüten.

Die Taxonomie des Lavendels kann recht verwirrend sein, weil die meisten Arten unter verschiedenen Volksnamen bekannt sind. Deshalb benutze ich in den meisten Fällen ausschließlich den wissenschaftlichen lateinischen Namen. Das beugt Missverständnissen vor und ist auch im Fachhandel oder bei Züchtern der beste Weg, sich verständlich zu machen. Der botanische Name einer Pflanze besteht aus mehreren Teilen: dem Gattungs- *(Lavandula)* und Artnamen (*stoechas/dentata/angustifolia* etc.) sowie bei gezüchteten Formen dem Sortennamen, der, nicht kursiv, in den üblichen ›Sortenzeichen‹ geschrieben wird. Das alles mag anfangs etwas kompliziert erscheinen, ist jedoch sinnvoll, weil es Verwechslungen ausschließt. Und wenn Sie genaueres über die Pflanze

***L. a.* ›Premier‹ in einer Rabatte der Well-Sweep Herb Farm in Port Murray im US-amerikanischen Bundesstaat New Jersey.**

wissen wollen, die Sie in Ihren Garten setzen möchten, ist es ohnehin die einzig wirklich exakte Methode.

Neben den Arten und dazugehörigen Sorten gibt es noch die sogenannten Intermedia-Lavendel *(Lavandula* x *intermedia).* Hierbei handelt es sich um Kreuzungen zwischen den natürlich vorkommenden Eltern *L. angustifolia* und *L. latifolia.* Intermedia-Sorten zeichnen sich durch besonders hohen Gehalt an ätherischem Öl aus und haben auch längere Blütenstängel, was bei der maschinellen Ernte von Vorteil ist. Intermedia-Lavendel blühen gewöhnlich einen Monat später als Pflanzen der Art *L. angustifolias.*

Lavendel wird von keinen speziellen Schädlingen befallen, aber zu viel Feuchtigkeit kann Wurzelfäule auslösen, an der die Pflanze eingeht – gleiches gilt für zu radikalen Rückschnitt alter, verholzter Pflanzen. An einem geeigneten Standort können Lavendelsträucher gut und gerne zwanzig bis fünfundzwanzig Jahre alt werden, doch im kommerziellen Anbau zur Ölgewinnung werden sie nach fünf Jahren ersetzt.

Die Blüten erscheinen im Juni, Juli und August. Einige Arten bringen noch eine zweite, spärlichere Blüte hervor (etwa 25 Prozent der ersten), doch es gibt auch Sorten, die speziell dafür gezüchtet sind, einen schönen, relativ üppigen zweiten Flor zu produzieren.

Weil Lavendel für Fachleute sehr leicht zu bestäuben ist, kommen ständig neue Sorten auf den Markt. Pflanzenzüchter sind stets bemüht, schönere Blüten oder Blätter, andere Wuchsformen, frühere oder spätere Blütezeiten, die Fähigkeit zu einer zweiten Blüte, bessere Winterhärte und, vor allem, Pflanzen zu züchten, die möglichst viele dieser erstrebenswerten Merkmale auf sich vereinen. Manche Sorten kann man nur schwer auseinander halten, weil Unterschiede nach Kriterien wie Winterhärte oder Blütezeit nicht auf den ersten Blick erkennbar sind.

Einige Arten lassen sich problemlos aus Samen ziehen und sehr leicht kreuzen. Die Zucht einer neuen Sorte ist ein zeitaufwändiges, im Prinzip aber einfaches Unterfangen. Am Anfang steht eine spezifische Zielsetzung, zum Beispiel ein Lavendel mit intensiv dunkelrosafarbenen Blüten, die auch getrocknet hübsch aussehen. Ausgangspunkt könnte eine rosa blühende Sorte wie etwa *Lavandula angustifolia* ›Jean Davis‹ sein. Betrachten Sie alle Ihnen zugänglichen ›Jean Davis‹-Pflanzen bei der Blüte. Wählen Sie diejenigen Exemplare aus, die die dunkelsten Kronblätter aufweisen. Sammeln Sie deren Samen und setzen Sie diese in die Erde. Die Pflanzen sollten von anderen Lavendeln isoliert gehalten werden, damit es nicht zu einer Kreuzbestäubung durch Insekten kommen kann. Nach der Blüte wählen Sie wiederum diejenigen Pflanzen der ersten Generation, die das dunkelste Rosa aufweisen. Entfernen Sie Pflanzen mit unerwünschten Eigenschaften. Sammeln Sie den Samen und pflanzen Sie eine zweite Generation. Wählen Sie auch hier wieder die am dunkelsten blühenden, gesund aussehende Exemplare und sondern Sie alle anderen aus. Nun können Sie die Pflanzen mit den dunkelsten Blüten handbestäuben, indem Sie Pollen von den Staubblättern oben auf den Stempel einer anderen Blüte derselben Pflanze geben. Ein kleiner Pinsel erleichtert diese Arbeit.

Nach sechs bis acht Generationen von der Aussaat bis zum erntefähigen Samen sollten die Eigenschaften soweit gefestigt sein, dass Sie nun Pflanzen mit zuverlässig dunkelvioletten Blüten haben. Obwohl Samenproduzenten in speziellen Zuchtprogrammen eigene Sorten entwickeln, nutzen sie doch gerne auch Samen von Hobbygärtnern, die diese auf die oben beschriebene Art gewonnen haben. Nach einer Reihe von Versuchen und einer gewissen Weiterentwicklung könnte eine solche Firma beschließen, eine neue Sorte in ihr Programm aufzunehmen, die möglicherweise sogar nach Ihnen benannt ist.

Aber ist es wirklich nötig, so viele verschiedene Sorten zu entwickeln? Erst kürzlich las ich von zwei neuen Züchtungen, die völlig identische Eigenschaften aufweisen, aber verschiedene Namen tragen, weil sie eine unterschiedliche DNS haben. So etwas mag von Interesse für Botaniker sein, den Hobbygärtner verwirrt es nur.

Einige Sorten sind vielleicht schwer zu bekommen und werden exklusiv von einem Züchter angeboten. Doch mit hoher Wahrscheinlichkeit gibt es andere Sorten, die für Ihren Verwendungszweck genauso taugen und wesentlich leich-

L. angustifolia, **der Echte Lavendel, ist eine beliebte winterharte Art. Sie wird bis 60 cm hoch und zeigt ein intensives Blauviolett.**

In Lavender Hedge, einem privaten Garten in der Nähe von Philadelphia, hat Mary Vogel *L. a.* ›Croxton's Wild‹ mit silberblättrigem Beifuß kombiniert.

ter erhältlich sind. Legen Sie die Merkmale fest, die für Sie am wichtigsten sind, und wählen Sie eine entsprechende Sorte.

Die Wahl der richtigen Sorte

Winterhärte

Bereits vor längerer Zeit hat das US-amerikanische Landwirtschaftsministerium ein System der Winterhärtezonen entwickelt: Jede Zone umfasst 5,5 °C, und die Zuordnung einer Region zu einer bestimmten Zone wird durch die durchschnittlichen Tiefsttemperaturen bestimmt. Eine entsprechende Zonen-Einteilung gibt es inzwischen auch für Mitteleuropa; am einfachsten ruft man sie über das Internet ab. (»Winterhärtezonen« als Suchbegriff eingeben.) Die meisten Lavendel sind winterhart bis Zone 5 (bis -28 °C) und gedeihen gut in den Zonen 5 bis 8 (Tiefsttemperaturen -28 °C bis -6 °C). Manche Gärtner kultivieren Lavendel mit Winterschutz auch noch in den Zonen 3 und 4.

Doch Frostbeständigkeit ist nicht das einzige Wachstumskriterium. So vertragen Lavendel in aller Regel zwar trockene Hitze gut, haben aber mit hoher Luftfeuchtigkeit Probleme. Da Lavendel, wie übrigens die meisten Pflanzen, unter feuchter Hitze fast genauso leiden können wie unter Frost, empfiehlt es sich, auch auf die durchschnittliche Luftfeuchtigkeit zu achten, ehe man sich auf den Anbau von Lavendel einlässt.

Länge des Blütenstängels

Wenn Sie frischen Lavendel an Floristen oder ähnliche Kunden verkaufen wollen, müssen Sie bei der Wahl der Sorte als erstes die Länge des Blütenstängels beachten und als zweites die Süße des Duftes; die Blütenfarbe steht erst an dritter Stelle. Das Laub spielt in diesem Fall gewöhnlich ebenfalls keine große Rolle, da die meisten Blätter für den Gebrauch in der Vase ohnehin abgestreift werden. Floristen legen großen Wert auf lange Blütenstängel, da Kunden für größere Arrangements verständlicherweise mehr zu zahlen bereit sind als für ein kleines Biedermeiersträußchen.

Höhe des Strauches

Im Garten dagegen wird die Höhe der Blattstängel möglicherweise weniger wichtig sein als die Länge der Blütentriebe. Wenn Sie eine niedrige Hecke in einem traditionellen Kräuterbeet pflanzen wollen, könnten kompakte Pflanzen wie ›Munstead‹, die hübsche rosa blühende ›Jean Davis‹ oder ›Dwarf Blue‹, die über graugrünem Laub 30 cm erreicht, das Richtige für Sie sein. Wer kleinere Pflanzen sucht, kann nach der Bezeichnung *nana* im botanischen Namen Ausschau halten – das bedeutet nämlich »Zwergform«. In Katalogen findet man öfters Beschreibungen wie »Zwergsorte« oder »kompakt«. Wer dagegen höhere Pflanzen bevorzugt, etwa für ein Staudenbeet, dem empfehle ich den Farn- oder Fiederblättrigen Lavendel *(L. multifida)*. Und wenn Sie eine ausdauernde Hecke neben einem Gehweg anlegen wollen, sollten Sie nach der höchsten und anspruchslosesten Sorte suchen, die Sie finden können; möglicherweise ist *L.* x *intermedia* ›Grappenhall‹ hier eine Lösung; seine dunkel violettblauen Blüten werden bis zu 100 cm hoch.

Farbe und Textur des Laubes

Die Farbe und Struktur der Blätter kann mindestens genauso wichtig sein wie die Blütenfarbe, denn das Laub sieht man ja wesentlich längere Zeit als die Blüten. Lavendellaub ist besonders attraktiv. Neue Triebe präsentieren sich in einem zarten Grün, und später reifen die Blätter dann zu einem zauberhaften Graugrün *(L. stoechas)*, Blaugrün oder Grauweiß *(L. a.* ›Grey Lady‹*)*. *L. viridis* zeigt hellgrünes Laub und cremegelbe Blüten. Die frostempfindlichen Sorten von *L. dentata* zeichnen sich durch dunkelgrüne aromatische Blätter aus, die am Rand gezähnt sind, und geben im Winter auch schöne Kübelpflanzen ab. Und falls Sie kräftiges Laub wünschen, das schon für sich allein Dekorationswert besitzt, sollten Sie sich die Intermedia-Sorten näher anschauen.

Die Blüte

Wenn Sie einen Lavendelbusch aus der Nähe betrachten, werden Sie feststellen, dass die Kronblätter, die die Korolla oder Blumenkrone bilden, aus einem Kelch wachsen. Sowohl Kelch als auch Krone sind sichtbar. Sollten Sie beabsichtigen, die Blütenstängel zu trocknen, spielt ausschließlich die Farbe des Kelches eine Rolle. Die Kronblätter selbst werden nämlich braun und fallen ab. Der Kelch weist gewöhnlich eine etwas andere Färbung auf als die eigentlichen Blütenblätter und sollte bei attraktiven Trockenblumen immer so dunkel wie möglich sein.

Wollen Sie die Blüten zur Verwendung in winterlichen Bouquets trocknen, kommt es erst recht auf eine möglichst satte Farbe an. Für diesen Zweck bevorzuge ich *L. a.* ›Hidcote‹ oder *L.* x *intermedia* ›Dutch‹. Steht die Länge des Blütenstängels im Vordergrund, wähle ich ›Grosso‹ oder ›Provence‹.

Im Garten sind weiße und rosafarbene Lavendelsträucher ein echter Blickfang, denn die meisten Leute wissen überhaupt nicht, dass es diese Pflanzen auch in anderen Blütenfarben als blau und violett gibt. Weiße Sorten tragen oft das Wörtchen *alba* in ihrem lateinischen Namen. Beliebte rosafarbene Sorten sind *L. a.* ›Jean Davis‹ und ›Lodden Pink‹. Erwarten Sie aber nicht, dass weißer oder rosafarbener Lavendel nach dem Trocknen eine attraktive Färbung behält.

Kinder lieben *L. pedunculata* (auch als *L. stoechas pedunculata* bekannt), dessen Blütenblätter hoch über die Blütenköpfe hinausragen und wie Schmetterlingsflügel aussehen. Dieser Schopflavendel ist recht empfindlich; wer also nördlich der Winterhärtezone 8 lebt, sollte ihn nur im Topf kultivieren. Dieser wird dann den Sommer über draußen in die Gartenerde gepflanzt, im Winter aber ins Haus geholt.

Blütezeit

Lavendel gilt gemeinhin als Sommerblüher. Erwarten Sie bei aus Sämlingen gezogenen Exemplaren aber im ersten Jahr keine Wunder – egal ob Sie die Pflanze selbst gezogen oder in der Gärtnerei gekauft haben. Ab dem zweiten Jahr präsentiert er sich dann aber durchaus dekorativ. Wenn Sie einen Garten planen, in dem eine frühe Blütezeit eine wichtige Rolle spielt, können Sie die Sorte ›Tucker's Early Purple‹ pflanzen, die sehr frühzeitig Farbe bekennt. *L. angustifolia* ›Irene Doyle‹ (oder ›Two Seasons‹), ›Pastor's Pride‹, ›Sharon Roberts‹ und ›Buena Vista‹ sind allesamt speziell daraufhin gezüchtet, im Herbst noch einmal einen üppigen zweiten Flor hervorzubringen. In meinem eigenen Garten (Zone 5) blühen *L. angustifolia* gewöhnlich etwa drei Wochen vor den *L.* x *intermedia*-Sorten. Wenn Sie eine besonders früh blühende Sorte wünschen, erkundigen Sie sich in Ihrer Gärtnerei oder einem Fachberater im Gartencenter.

Arten und weit verbreitete Sorten

Lavandula angustifolia

L. angustifolia wird im Deutschen als Echter Lavendel bezeichnet, weitere botanische Namen sind *L. vera* und *L. officinalis. Angustifolia* bedeutet wörtlich übersetzt »schmalblättrig«. Von dieser Art gibt es viele Sorten, die sämtlich süß-aromatisch duften und deren Blütenköpfe auf einem kurzen Stängel erscheinen. Die meisten kommen innerhalb von zwei Jahren nach Aussaat zur Blüte.

›Alba‹: weiße Blüten, Stängel 50 cm hoch, Blütenstände 5–7,5 cm lang.

›Buena Vista‹: auf süßen Duft hin selektiert; lange Blütenköpfe, intensiv violettblau; blüht im Juni und September.

›Compacta‹: hell purpurfarben, 45 cm hoch, kompakter Wuchs.

›Graves‹: sehr hoch und ertragreich für diese Art, 75–90 cm; für Schnittblumen und zum Trocknen gleichermaßen geeignet.

Der winterharte Lavendel ›Jean Davis‹ hat rosafarbene Blüten, aber leuchtend weiße Knospen, die Licht in den Frühlingsgarten bringen.

L. x intermedia ›Grosso‹ präsentiert schon früh im Jahr sattgrüne Blätter. Die blass blaugrauen Blüten erscheinen auf langen Stängeln.

›Grey Lady‹: 45 cm hohe Blüten auf kompakten Pflanzen, graues Laub, lavendelblaue Blüten; gut für Beeteinfassungen.

›Hidcote‹: Pflanze 40 cm hoch, dunkel purpur-blaue Blüten; zum Trocknen sehr beliebt; süßer, kräftiger Duft.

›Irene Doyle‹: dunkel purpurfarbene Blüten, blüht sowohl früh als auch spät, halbhoch, Laub gut 20 cm hoch, Blütenstiele 15 cm.

›Jean Davis‹: 45 cm hohe Blüten, als Knospen weiß, erblüht rosafarben; getrocknet werden sie grau; frühe Blüte, sehr winterhart und intensiv duftend, hervorragend für formelle Knotengärten.

›Lady‹: 35 cm hohe Blüten, Ausbreitung 30 cm, winterhart bis Zone 5; kann je nach Klima bereits im ersten Jahr blühen; auf frühe Blüte aus ›Munstead‹ selektiert; wächst langsam.

›Lodden Blue‹: kleinere Pflanzen, etwa 37 cm, mit 15–20 cm hohen Blütenständen; RHS-Award of Merit. [Prämierung der Royal Horticultural Society/ Anm. d. Übers.]

›Lodden Pink‹: Pflanze 43 cm, rosa Blüten

›Munstead‹: Pflanze 33 cm, bevorzugte Sorte für Einfassungen bei formalen Kräutergärten; früh blühend, fliederfarbene Blüten, süßer Duft.

›Nana Alba‹: 20 cm hohe Zwergform, kurze Blütenstände, weiße Blüten, Laub silbern.

›Pastor's Pride‹: dunkel lavendelblaue Blüten; wenn die ersten Blütenstände rechtzeitig entfernt werden, ausgezeichneter zweiter Flor.

›Rosea‹: 35 cm, zartrosafarbene Blüten.

›Royal Velvet‹: dunkel purpurne samtige Blüten.

›Sachet‹: sehr kräftiger Duft.

›Sharon Roberts‹: sofern Verwelktes abgeschnitten wird, gute zweite Blüte; dunkel lavendelblaue Blüten, kräftig.

›Susan Belsinger‹: dunkel purpurfarbene Blüten, sowohl früh als auch spät blühend, Pflanze ca. 17,5 cm hoch.

›Twickel Purple‹: kompakter Wuchs, 5–7,5 cm; Blätter grün, bisweilen purpurn überhaucht; Blüten in fächerartigen Büscheln auf langen Stängeln; blüht nach ›Munstead‹.

Lavandula latifolia

L. latifolia heißt auf dem deutschsprachigen Markt Großer Lavendel, Großer Speik, Speiklavendel oder auch einfach nur Speik. *Latifolia* bedeutet übersetzt »breitblättrig«, und die Blätter dieser Pflanzen sind denn auch deutlich breiter und grauer als die von *L. angustifolia*. Außerdem treibt *L. latifolia* höhere Blütenstände als die *angustifolia*-Sorten, hat dunkelgraue Blätter, hellblaue Blüten und verströmt einen eher kampferartigen als süßen Duft. Aus dem Blütenstängel wachsen Seitentriebe. Speik lässt sich leicht aus Samen ziehen. Zahlreiche Kreuzungen aus *L. latifolia* und *L. angustifolia*, *L.* x *intermedia* genannt, sind wegen ihres Erscheinungsbilds, ihres Dufts und ihrer Winterhärte begehrt.

Lavandula x intermedia

Lavandula x *intermedia* verträgt hohe Luftfeuchtigkeit besser als *L. angustifolia*. Diese Sorten setzen gewöhnlich keine Samen an und müssen deshalb über Stecklinge vermehrt werden.

›Abrialli‹: in Frankreich sehr beliebt; große Blütenköpfe, ausgezeichnet zum Trocknen.

L. dentata, der Gezähnte Lavendel, bildet eine echte Bereicherung an einer vornehmen Einkaufsstraße in Madrid. Der lateinische Artname verweist, genau wie der deutsche, auf die gezähnten Blattränder.

›Dutch‹: dunkel purpurfarbene Blüte, Staude 40 cm hoch, Blütenstängel bis 50 cm; blüht früh bis mittel.

›Fred Boutin‹: hell violettblaue Blüten, 40 cm hoch, Blütenstängel bis 50 cm; kräftiger Wuchs.

›Giant Hidcote‹: kräftiger Duft und frühe Blüte; lavendelblaue Blüten, große Blütenköpfe auf langen Stängeln.

›Grappenhall‹: 100 cm hohe Blütenstängel, frühe Blüte, dunkel purpurblaue Blüte; Blätter breit und grau.

›Grosso‹: 75 cm hohe Blütenstängel, die blauvioletten Blüten trocknen zu Violettgrau; sehr stark duftend.

›Melissa‹: rosafarbene Blüten, gut für Duftsäckchen.

›Provence‹: eine der höchsten Sorten, nach der französischen Lavendel-Anbauregion benannt; starker Duft.

›Provence, White Form‹ (*L.* x *intermedia* ›Alba‹): weiße Sorte, kompakter Wuchs, 30 cm hoch.

›Seal‹: dunkel purpurfarbene Blüten, Blütenstände 7,5–10 cm hoch, blüht relativ früh.

Die Blüte von *L. dentata* ist sehr zart und im Garten wunderschön. Zum Trocknen eignet sie sich jedoch nicht.

Lavandula dentata

L. dentata heißt mit Volksnamen Gezähnter Lavendel oder auch Zahnlavendel. Die Sorten dieser Art sind insgesamt frostempfindlich, haben gezähnte Blätter und kurze Blütenstände auf langen Stängeln.

L. d. variegata: zartes Blattwerk

›Goodwin Creek Grey‹: lange Blütezeit, silbrige Blätter, dunkel purpurne Krone; besonders geeignet für Formschnitt und/oder Kübelkultur.

Weitere Arten

Lavandula lanata, der Behaarte Lavendel, ist eine frostempfindliche Art mit balsamischem Duft, wollig behaarten Blättern und dunkel purpurfarbener Krone. Nicht für feuchte Klimata geeignet.

Lavandula viridis-Sorten haben zarte, sehr stark duftende hellgrüne Blätter und weiße Blüten. Die Pflanzen werden bis 95 cm hoch.

L. lanata, der Behaarte Lavendel, weist silbrige Blätter mit weißfilzig-wolligem Belag auf. Hohe Luftfeuchtigkeit verträgt er schlecht.

L. *stoechas* (Schopflavendel, hier eine Miniaturform) breitet im wunderschönen Park von Wave Hill in der New Yorker Bronx seine Schmetterlingsflügel aus. Kinder – aber auch Erwachsene – sind begeistert.

Lavandula stoechas, der Schopflavendel, ist ebenfalls frostempfindlich. Die Blüten erscheinen auf kurzen Stängeln und weisen dicke purpurfarbene Deckblätter auf. Zum Trocknen als Zierblume nicht geeignet.

Lavandula stoechas pedunculata, der »richtige« Schopflavendel, muss ab Zone 5 hinter Glas überwintern. Höhe und Breite des Busches erreichen je 60 cm. Die großen purpurfarbenen Deckblätter am oberen Ende der Blütenstände sehen wie Schmetterlingsflügel, Kaninchenohren oder eben wie ein »Schopf« aus. Nicht zum Trocknen geeignet. Graugrünes Laub.

L. multifida, der frostempfindliche Farn- oder Fiederblättrige Lavendel, gedeiht rund ums Jahr in einem Kübel. Im Sommer blüht er neben der Taglilie ›Stella d'Oro‹, den Winter über steht er auf einer Veranda.

L. multifida* ist zwar empfindlich, blüht aber bei nur leichten Frösten bis in den Oktober hinein.

Lavandula multifida, im Deutschen Farn- oder Fiederblättriger Lavendel genannt, zeigt farnartiges Laub. Die Pflanzen werden bis 60 cm, die Blütenstängel 60 bis 90 cm hoch. Die Blütenstände setzen sich aus drei Teilen zusammen und erinnern manchmal ein bisschen an einen Dreizack. In meinem Garten blühen diese Lavendel bis in den Oktober hinein, auch wenn das Thermometer vorher schon mehrmals knapp unter den Gefrierpunkt gefallen ist. Zum Trocknen für Arrangements nicht geeignet, da sich die Blüten rasch von Blau zu Braun verfärben.

KAPITEL ZWEI

Geschichte des Lavendels

Die Verwendung des Lavendels reicht bis in das klassische Altertum zurück, als römische Soldaten die Pflanze, die wild an den Felsküsten des Mittelmeers gedieh, als Badezusatz benutzten. Heute kennt man Lavendelseife und ähnliche kosmetische Produkte vor allem aus England, wo sie in großer Menge und Auswahl hergestellt werden. Doch zunächst war Lavendel nur eine von vielen Nutz- und Heilpflanzen, die die Römer im Marschgepäck hatten, als sie im zweiten vorchristlichen Jahrhundert ganz Mitteleuropa eroberten.

Der griechische Arzt und Pharmakologe Dioskorides, der zwischen 40 und 70 n.Chr. tätig war, verfasste eine Arzneimittellehre, »De Materia Medica«, die bis in das 17. Jahrhundert hinein auch eine wichtige Quelle für die Botanik blieb. Über den Lavendel notierte er: »das Lavendel-Dekokt ist wie Ysop, gut gegen Beschwerden in der Brust. Es mischt sich zudem ausgezeichnet mit den Antidoten.«

Bevor Carl von Linné die botanische Nomenklatur einführte, wurden Pflanzen, die in verschiedenen Teilen der Welt oder auch nur in verschiedenen Ländern wuchsen, häufig verwechselt. Sie trugen in den einzelnen Sprachen unterschiedliche Namen, und uneinheitlicher regionaler Gebrauch der Bezeichnungen sorgte für weitere Verwirrung. Beispielsweise glauben manche, dass es sich bei dem in der Bibel genannten Spiköl um Lavendel gehandelt hat.

Vor der Gründung der großen Pharmabetriebe, die Medikamente entwickeln und standardisieren, gab es viele Heilkundige, die Kranken allein mit Kräuterarzneien Linderung verschafften. Im Mittelalter gehörte die Kulti-

Das zum berühmten Metropolitan Museum of Art, New York, gehörende The Cloisters bietet neben mittelalterlicher Kunst und Architektur auch drei Klostergärten mit Pflanzen, wie sie zur damaligen Zeit angebaut wurden.

vierung solcher Heilpflanzen zu den Aufgaben der Klöster. Die Gärten dieser Ordensgemeinschaften waren im Regelfall unterteilt in einen Küchengarten, in dem Obst, Gemüse und Küchenkräuter gezogen wurden, und einen Heilpflanzengarten. Sachkundige Mönche oder Nonnen trugen die Verantwortung für diesen Arzneigarten und sammelten darüber hinaus Blätter, Beeren, Blüten und Wurzeln aus den umliegenden Wiesen und Wäldern und trockneten sie für den späteren Gebrauch. Im profanen Bereich fiel diese Aufgabe häufig der Hausfrau zu, die Kräuter für alle Angehörigen ihres Haushalts sowie die Armen der näheren Umgebung zog, lagerte und bei Bedarf an diese verteilte. Die dazu nötigen Kenntnisse wurden ihr im Zuge ihrer Erziehung vermittelt. Aus diesen Kräutern fertigte sie pflanzliche Heilmittel, die besonderen medizinischen Wert haben sollten.

Im Kräutergarten von The Cloisters ist Lavendel mit Echtem Labkraut *(Galium vernum)* und mehr als 250 weiteren Pflanzenarten kombiniert, wie es im Mittelalter üblich war.

Mitte des 16. Jahrhunderts riet William Turner in »A new Herball«, die Blüten des Lavendel gegen alle möglichen »Beschwerden des Kopfes« einzusetzen. Englische Wäscherinnen hießen im Mittelalter »Lavenders« – weil sie nach altrömischer Sitte Kleidung in Lavendelwasser wuschen, aber auch nach dem lateinischen Wort *lavare* = waschen. Peter Andreas Matthiolus, dessen »New-Kreuterbuch« von 1563 die Volksmedizin stark beeinflusst hat, schrieb: Lavendel ist gut »wider alle kalte gebresten des hirns und der sennadern / als do ist der schwindel / gantze vnd halbe schlag / der fallend siechtag / die schlaffsucht / krampff / zittern / contract vnd läme. Sie erwärmen den blöden kalten magen / zerteylen die Winde. ... Lavendel in Wein gelegt / dieser in mund genommen / stillet den schmertz der zan / bringet die verlegene sprach widerumb. Ist auch gutt / die lamen / kalten glieder damit gerieben ...

Hildegard von Bingen (1098–1179) wurde in einem Kloster erzogen und trat dem Benediktinerorden bei, wo sie später Äbtissin wurde. Obwohl sie manchmal als Heilige bezeichnet wird, wurde sie doch nie offiziell heilig gesprochen. Ihre Bekanntheit verdankt sie musikalischen Kompositionen, der Pflege von Kranken sowie angeblichen Heilkräften und Wunderheilungen. Sie empfahl Lavendelwasser, oder vielmehr ein Dekokt aus Branntwein mit Lavendel, gegen Migräne.

Als besonders wirksam galt Lavendel bei Schlaganfällen, Lähmungen und Sprachverlust. »Es bekömmet denen wohl, die lahm sind, wenn sie mit destilliertem Wasser von Lavendelblüten gewaschen werden oder wenn sie geölt werden mit dem Öl aus den Blüten und Olivenöl auf dieselbe Weise wie Rosenöl verwandt wird«, notierte der pflanzenkundige Bader John Gerard in seinem 1597 veröffentlichten »Herbal«. Gegen Kopfschmerzen mischte man *Lavandula stoechas* mit anderen Kräutern und trug das Ganze in einem Säckchen um den Hals – bei Adeligen bestand es aus roter Seide, bei Normalsterblichen aus Baumwolle. William Salmon berichtet in seinem 1710 erschienenen Werk »The English Herbal«, Lavendel sei »gut gegen die Bisse von Schlangen, tollwütigen Hunden und anderen giftigen Geschöpfen«.

Die Wirksamkeit von Lavendel und anderen Kräutern als Heilmittel gegen verschiedene Leiden ist bis heute umstritten. Und wie oft eine »Heilung« auf den berühmten Placebo-Effekt zurückzuführen ist, wobei eher der *Glaube* die Besserung auslöst als das Kraut, sei dahingestellt.

Lavendel hat aber auch seinen Platz im (Aber-)Glauben mancher Kulturen. In der Toskana war es lange Zeit Brauch, Kindern Lavendelzweige an das Hemd zu stecken, um den bösen Blick abzuwehren. Obwohl meine aus Mailand stammende Freundin dies als primitiven bäuerlichen Aberglauben abtut, gibt sie doch gleichzeitig zu, niemals ein lavendelblaues oder violettes Kleid zu einer Opern- oder Theaterpremiere zu tragen. Warum? Weil die Darsteller glauben könnten, sie wolle die Vorstellung »verhexen«. Als ich mehr darüber erfahren wollte, lachte sie und meinte, man würde das eben einfach nicht tun – genauso wie es in den USA noch vor kurzem undenkbar gewesen wäre, in Schwarz zu einer Hochzeit zu erscheinen, weil sich das Brautpaar an der – vermeintlich – dahinter stehenden Trauersymbolik stören könnte.

GALLET
PARIS

Vielfältige Verwendung

Blätter, Stängel, Knospen und Blüten – sämtliche Teile des Lavendels enthalten ätherische Öle, und alle sind für viele verschiedene Zwecke nutzbar. Die Pflanzenteile können frisch oder getrocknet verwendet oder zu ätherischem Öl destilliert werden. Zwar sind die Blüten optisch ansprechender als die Stängel, aber zum Füllen von Duftsäckchen, deren aromatischen Inhalt ja niemand mehr zu Gesicht bekommt, strecke ich meine magere Ernte gern dadurch, dass ich klein geschnittene Stängel- und Blätterteilchen unter die Blüten mische.

Ätherisches Öl selbst herzustellen ist nichts für den normalen Hobbygärtner. Man braucht dazu einen Destillierapparat und tonnenweise Lavendel sowie professionelle landwirtschaftliche Maschinen. Auf der Norfolk Lavender Farm in England werden 500 Pfund Lavendel zu eineinhalb Pfund ätherischem Öl verarbeitet, das anschließend noch mindestens ein Jahr reifen muss. Für besonders hochwertige Öle werden die Blütenstängel geschnitten, wenn sich die Knospen gerade öffnen, und die Blüten werden von den Stängeln gestreift und allein verarbeitet. Um rasch zu trocknen, müssen die Blüten ausgebreitet werden, dürfen nach dem Pflücken aber nicht in der Sonne liegen, damit möglichst wenig ätherisches Öl verdunstet. Um weiteren Qualitätsverlusten vorzubeugen, sollte die Destillation innerhalb einer Woche erfolgen.

Es gibt Kenner, die behaupten, dass das hochwertigste Öl aus englischen Blüten gewonnen wird, doch noch mehr halten Lavendelessenz aus Südfrankreich für die besten. Ebenfalls umstritten ist, ob das feinste Öl aus Knospen oder aus bereits voll geöffneten Blüten stammt. Eines ist jedenfalls sicher: Genau wie bei edlen Weinen schwankt auch die Qualität von ätherischen Ölen von Jahr

Beliebte Lavendelprodukte – Seifen, Badesalze, Schlafmaske, Duftsäckchen, Eau de Toilette und Raumspray.

zu Jahr, denn sie hängt u.a. vom Wetter ab, vom Alter der Pflanzen und auch vom Boden. Eine kleine Gruppe von Farmern im US-Bundesstaat Washington haben gezeigt, wie man auch mit kleineren Betrieben wirtschaftlich Lavendelöl produzieren kann. Sie haben sich zu einer Art Genossenschaft zusammengeschlossen und einen mobilen Destillierapparat gekauft, der von einer Farm zur anderen transportiert wird.

Bei den auf Seite 121 und 122 genannten Firmen können Sie Pflanzen, getrocknete Knospen und auch ätherisches Öl beziehen. Insbesondere was die aromatischen Essenzen angeht, sollten Sie doppelt auf Qualität achten. Leider sind viele synthetische Produkte auf dem Markt, die sich als »echtes Lavendelöl« ausgeben, und manchmal werden auch verdünnte Essenzen als reines Öl angeboten.

Wenn Sie Lavendelprodukte zur inneren Anwendung kaufen – sei es zum Kochen oder als Heilmittel –, stellen Sie unbedingt sicher, dass er beim Anbau auf keinen Fall mit irgendwelchen Pestiziden behandelt wurde. Am sichersten gehen Sie natürlich, wenn Sie die Pflanzen im eigenen Garten ziehen oder die Quelle kennen, aus der sie stammen. Ein sehr großer Teil des getrockneten Lavendels, der zum Verkauf angeboten wird, hat Potpourri-Qualität und ist keinesfalls zum Verzehr geeignet!

Lavendel als Aromaspender

Wo Lavendel im Überfluss gedeiht, breitet man auch heute noch Bettlaken und -bezüge zum Trocknen über den Sträuchern aus. Die verdunstenden Öle durchdringen die Baumwolle mit ihrem Duft. Stellen Sie sich einen Schrank vor, voll mit Wäsche, von der Sonne gewärmt und gesättigt mit Lavendelduft.

Das süße, durchdringend duftende Lavendelöl befindet sich in allen Pflanzenteilen. Meist jedoch werden für die Essenzen, die in Parfüms, Potpourris, Duftsäckchen, Seifen und Badezusätzen Verwendung finden, die Blüten destilliert.

Nun wird es den meisten Hobbygärtnern kaum möglich sein, ätherisches Öl zu destillieren, aber Sie können sehr wohl ein einfaches Lavendelöl herstellen, und zwar mit hochwertigem Mandel- oder Olivenöl. Füllen Sie ein Deckelgefäß locker mit Lavendelstängeln samt Blättern und Blüten, die sie zuvor leicht zwischen den Fingern zerreiben. Gießen Sie dann das Öl darüber und lassen Sie den frischen oder getrockneten Lavendel etwa einen Monat lang ziehen, wobei Sie das Gefäß täglich leicht schütteln. Gießen Sie die Flüssigkeit dann durch ein Tuch in eine saubere Flasche oder ein anderes verschließbares Gefäß. Zur Dekoration können Sie ein paar frische Lavendelstängel mit Blüten hineingeben. Ein solches leichtes Lavendelöl eignet sich gut als beruhigendes und entspannendes Massageöl.

Lavendelarten, die einen durchdringenderen, kampferartigen Geruch aufweisen, werden zu (Trocken-)Sträußchen zusammengebunden oder für Duftsäckchen verwendet, die Motten und andere Insekten abhalten sollen. *L. multifida* (der Fiederblättrige Lavendel) oder *L. stoechas* (der Schopflavendel) etwa eignen sich gut in Verbindung mit Echtem Wermut oder Eberraute als Mottenschutz für Wollsachen.

In einem öffentlichen Park in Toledo, Spanien, sieht man eine Säule, auf der in vier Sprachen »Friede den Menschen« steht. Eine Lavendelhecke lenkt den Blick des Betrachters auf dieses Mahnmal.

Natürlich können Sie Keramik-Duftringe kaufen, die man auf eine Glühbirne legt, doch ein Tropfen Öl direkt auf die Lampe getropft, verströmt, wann immer Sie das Licht einschalten, genau denselben aromatischen Duft. Sie können Lavendel auch allein oder zusammen mit anderen Kräutern und Gewürzen in einem kleinen Potpourri-Topf aufstellen und das Aroma durchs Haus ziehen lassen. Ich persönlich verwende dazu einfach einen kleinen Kochtopf, in dem ich auf der hinteren Herdplatte viel Wasser mit Lavendel und anderen Kräutern und Gewürzen leise ziehen lasse. Welche Mischung ich wähle, hängt ganz von meiner jeweiligen Stimmung ab. Im Winter wirkt Lavendel mit Nelken, Zimt und Muskatnuss (ganz oder gerieben) sehr aufmunternd. Andere Möglichkeiten sind Orangen-, Zitronen- oder Grapefruitschale oder auch kleine Kiefernzapfen. Achten Sie unbedingt darauf, dass immer ausreichend Wasser im Topf ist und keine Kinder oder Haustiere sich daran verletzen können. Bewährt ist natürlich auch die klassische Methode, das Öl in einer Duftlampe verdampfen zu lassen.

Pauline Pettitt-Palenik von der Cool Spring Lavender Farm streut Lavendelknospen direkt auf ihre Teppiche. Wenn man darauf tritt, wird das Aroma frei gesetzt. Diese Methode wirkt besonders gut, wenn man damit weniger angenehme Gerüche kaschieren oder einfach nur immer frischen Duft in der Wohnung haben will. Für wertvolle Orientteppiche ist sie aber nicht zu empfehlen, da die ätherischen Öle auf Dauer die Farben angreifen können.

Als Heilmittel

Vor jeder Selbstmedikation, sei es mit Lavendel oder irgendeinem anderen Heilkraut, sollten Sie sich stets mit Ihrem Arzt absprechen. Und da ätherische Öle besonders konzentriert sind und manchmal schon in winzigen Mengen giftig sein können, ist immer Vorsicht angeraten. Leider gibt es immer noch Leute, die glauben, wenn ein Tropfen gut sei, seien zehn Tropfen besser – mit üblen Folgen. Wenn Sie sich mit Kräuterheilmitteln befassen wollen, wird Ihnen ein erfahrener und kundiger Fachmann bestimmt gerne mit Rat und Tat zur Seite stehen.

Lavendel werden beruhigende Eigenschaften nachgesagt, die Stress mindern und den Schlaf fördern. Fünf bis zehn Tropfen in einem heißen Bad vor dem Einschlafen wirken Nerven beruhigend, und ein paar Tropfen ätherisches Öl, auf den Schläfen verrieben, kann Kopfschmerzen lindern oder sogar abklingen lassen. Das Öl wird gut von der Haut aufgenommen. Möglicherweise ist es so wirksam, weil es chemische Substanzen enthält, die Nervenimpulse verlangsamen und dadurch Nervosität abbauen und den Schlaf fördern helfen. Nähen Sie sich eine mit Lavendelknospen gefüllte Schlafmaske und legen diese über die Augen, wenn Sie einschlafen oder auch nur eine Weile abschalten wollen.

Nun wirkt Lavendel trotz seiner beruhigenden Eigenschaften auch kreislaufanregend und menstruationsfördernd, und Schwangere sollten Lavendelaufgüsse deshalb meiden. Bei *L. stoechas* scheinen diese anregenden Eigenschaften besonders ausgeprägt.

Von alters her ist Lavendel als schmerzstillendes Mittel bekannt, und viele Leute verwenden es auch heute noch bei Mückenstichen, leichten Verbrennungen und Hautreizungen. Wenn man sich damit einreibt, lässt der Juckreiz nach und Schwellungen klingen ab. Wenn Sie draußen im Garten sind, pflücken Sie einfach ein paar Stängel und reiben sie direkt auf die Haut. Bei uns hält Lavendel zusammen mit Minze und Wermut Mücken und Fliegen in Schach, wenn wir im Garten arbeiten. Naturheilkundler haben immer reines Lavendelöl in ihrem Erste-Hilfe-Set und reiben ein oder zwei Tropfen auf Verbrennungen, Insektenstiche und kleinere Infektionen. Manche Naturheilkundler empfehlen, immer ein Fläschchen Lavendelöl in der Küche zu haben, mit dem man kleinere Verbrennungen und Verbrühungen behandeln kann. Zehn Tropfen Lavendelöl auf 120 Milliliter Wasser in einer Sprühflasche sind ein probates Mittel gegen leichten Sonnenbrand, der nicht vom Arzt behandelt werden muss.

Da Lavendelöl in Alkohol löslich ist, wird »Lavendelwasser« schon seit Jahrhunderten als Stärkungsmittel und Tonikum gegen Schwäche, Ohnmacht und Schwindel verwendet. Als »Lavendelwasser« wird eine Mischung aus Weinbrand, Wein oder Wodka mit ein paar Tropfen Lavendelöl bezeichnet. Man kann das Ganze auch mit Wasser verdünnen. Natürlich wirkt beim Genuss in erster Linie der Alkohol; ob der Lavendel zusätzlich positiven Einfluss auf das Wohlbefinden hat, ist wohl eher Glaubenssache.

Als Badezusatz und Reinigungsmittel

Geben Sie fünf bis zehn Tropfen ätherisches Öl ins Badewasser, bevor Sie in die Wanne steigen. Das fördert die reinigende Wirkung des Bades auf Haut und Haare. Manchmal liest man auch, dass Lavendel Kopfläuse abtötet und antiseptische, antibakterielle und pilztötende Eigenschaften aufweist. Vermutlich dieser antiseptischen Wirkung wegen wird er zudem gegen Akne empfohlen.

Wenn Sie Lavendel im Garten haben und diesen direkt verwenden wollen, stecken Sie einige Stängel inklusive Blätter in einen alten Strumpf oder in ein Baumwollsäckchen. Kneten Sie das Säckchen mehrmals durch, um die Öle freizusetzen, bevor Sie es in die bereits mit Wasser gefüllte Wanne werfen. Ich habe einmal versucht, Lavendel direkt (ohne Säckchen) im Badewasser zu verwenden. Als ich aus der Wanne stieg, klebten mir überall Lavendelblätter und -blüten an der Haut, und ich sah aus wie eine der Brandung entstiegene Meerjungfrau.

Ein relativ neues Kosmetikprodukt sind kleine, bereits gefüllte Kräutersäckchen, die man in die Wanne hängt. Zu einem Päckchen verschnürt, sind mehrere solche Beutel auch ein schönes Geschenk.

Lavendelöl kann auch als Haushaltsreiniger benutzt werden. Geben Sie zehn bis zwanzig Tropfen ins Putzwasser; geeignet für Tischplatten, Fußböden, Badezimmer und und und ...

Als Küchenkraut

Lavendel hat einen sehr intensiven Geschmack. Verwenden Sie ihn deshalb – wie alle Kräuter und Gewürze – mit Bedacht, damit er nicht alle anderen Aromen übertönt und möglicherweise bitter vorschmeckt. Kleine Mengen eignen sich als Gewürz für Sorbets, Zucker, Tee, Marmeladen, Gelees, Essig, Eintöpfe und Backwaren.

In Gurgellösungen kann verdünntes Lavendelöl den unangenehmen Geschmack der Pharmazeutika überspielen. Nehmen Sie aber nie mehr als einige wenige Tropfen; wie bei allen Heilmitteln kann eine zu hohe Dosis schädlich sein.

KAPITEL VIER

Lavendel im Garten

Küchenkräuter

Die Verwendung von Lavendel als Küchenkraut ist relativ neu, und viele Leute scheuen sich noch, damit zu experimentieren. Mir begegnete er zum ersten Mal in dem französischen Nobelrestaurant »L'Absinthe« in New York, und zwar in Form von Lavendelsorbet auf hauchdünnen Apfeltörtchen. Der Küchenchef erklärte, in Südfrankreich, wo er aufgewachsen sei, werde Lavendel sehr häufig als aromatische Würzzutat verwendet.

Pflanzen Sie also ruhig zwischen Basilikum, Thymian, Oregano, Liebstöckel, Borretsch und Koriander einen Lavendelstrauch. Spätestens wenn Sie erklärt haben, dass Lavendel zur gleichen Familie wie Minze gehört und eng mit Rosmarin verwandt ist, werden Sie damit bei Ihren Nachbarn und Freunden Anerkennung finden.

Hat der Lavendel einmal in Ihrem Kräutergarten Platz gefunden, geht es im nächsten Schritt darum, ihn in Ihre Kochrezepte zu integrieren. Viele Menschen zögern, ein Gericht mit Lavendel zu würzen, weil das einfach ungewohnt ist. Dass ich Lavendel für ein Gericht verwendete, erzähle ich meinen Gästen häufig erst, nachdem sie mir Komplimente für den außergewöhnlich delikaten Geschmack gemacht haben.

Jahrelang habe ich den klugen Rat ignoriert, Küchenkräuter so nah wie möglich bei der Küche zu pflanzen. Sämtliche Kräuter und Gewürze wuchsen in einem Hochbeet rund 200 m von der Küche entfernt. Wenn dann zur Abendessenszeit der Fisch ein paar Zweige Dill vertragen hätte oder das Hähnchen frischen Rosmarin, haderte ich jedes Mal mit mir, ob der lange Weg hinaus in den

Kater Sam nimmt ein Sonnenbad zwischen den entspannenden Düften von Ruth Flounders Kräutergarten. Frei wachsende Wegeinfassungen sind ein beliebter Verwendungszweck für Lavendel.

Garten wirklich nötig sei. Viel zu oft trug meine Faulheit den Sieg davon, und ich nahm – wie so oft – Knoblauch oder, schlimmer noch, irgendeine getrocknete Kräutermischung aus dem Supermarkt, die schon ewig in meiner Gewürzschublade herumlag. Mir ist klar, dass das für jemanden aus der Blumen- und Kräuterbranche ein besonders peinliches Geständnis ist. Aber es war nun einmal so.

Inzwischen habe ich mich freilich längst eines Besseren belehren lassen, und jetzt habe ich ausreichend Gewürzpflanzen direkt vor der Küche, um täglich darauf zuzugreifen. Und sogar wenn der Lavendel, den ich trocknen will, Anfang Juli abgeerntet ist, gibt es noch genügend Zweige für eine spärliche zweite Blüte – und ganz bestimmt auch genug, um damit einen Obstsalat oder Eintopf zu würzen. Bis in den November hinein kann ich ausreichend Lavendel für meinen Küchenbedarf pflücken – wobei die Pflanzen auch den ein oder anderen leichten Nachtfrost überstehen.

Pflanzen Sie Ihre Küchenkräuter an jeden passenden sonnigen Platz, sei es mitten ins Blumenbeet, in die Staudenrabatte oder in Pflanzkübel – Hauptsache nach dem Haus. Im Grunde reichen einige wenige Pflanzen von jeder Sorte aus. Wenn Ihnen formelle Kräutergärten gefallen, lesen Sie unten das Kapitel über Knotengärten.

Zum Knotengarten der Well-Sweep Herb Farm gehören regelmäßig geschnittene Lavendel, Gamander, Zwerg-Ysop und die Berberitze ›Red Pigmy‹.

Heilpflanzengärten

Seit es Gärten gibt, dienen sie auch zum Ziehen von Pflanzen für die Heilung von Körper, Seele und Geist. Und wichtige Heilkräuter wie Fingerhut gegen Herzprobleme, Mohn gegen Schmerzen, Kamille für erholsamen Schlaf und Entspannung, Ysop gegen Husten und Bronchialerkrankungen sowie Knoblauch und andere Laucharten zur Reinigung des Blutes waren von Anfang an fester Bestandteil der Anlagen.

Wenn man einen Heilkräutergarten bepflanzt, ist die genaue Beschriftung der Pflanzen besonders wichtig, und zwar nicht nur nach gängigen Volksnamen, sondern auch nach botanischen. Besucher finden es zudem hilfreich, wenn die Täfelchen obendrein etwas darüber aussagen, wie die entsprechende Pflanze traditionell eingesetzt wurde und welche Teile – Wurzel, Blätter, Samen, Hülsen oder Saft etwa – verwendet wurden. Und nicht zuletzt ist natürlich auch die Anwendungsart interessant: als Tee oder Aufguss, als Salbe, Wickel oder Pflaster.

Auch hier gibt es natürlich Pflanzen, die bei längerer Verwendung oder Überdosierung gefährlich sind. Und es ist wichtig, dass man die (Neben-)Wirkungen der Pflanzen kennt, die man zieht. Erkundigen Sie sich in jedem Fall bei einem erfahrenen Naturheilkundler, bevor Sie zur Selbstmedikation schreiten.

Knotengärten und formale Kräutergärten

Ein Knotengarten ist, wie jeder formale Kräutergarten, ein Objekt erlesener Schönheit – das nicht zuletzt von denen bewundert wird, die weder Lust noch Muße haben, ein solches Meisterwerk zu pflegen. In einem Knotengarten scheint der Knoten aus Pflanzen, die sich in wechselvollem Auf und Ab durcheinander schlingen, weder Anfang noch Ende zu haben. Er ist das botanische Symbol der Unendlichkeit und findet sich als solches in römischen, islamischen und mittelalterlichen christlichen Klostergärten. In der Renaissance erfreute er sich – gleichzeitig mit größeren Heckenlabyrinthen – vor allem in England auch außerhalb der Klostermauern großer Beliebtheit.

Ein Knotengarten ist nicht nur zauberhaft anzusehen, sondern fasziniert auch aus größerer Entfernung, etwa von einem höher liegenden Fenster oder Balkon aus. Für die kleinen Hecken eignen sich die winterharten Sorten wie ›Munstead‹ – eine aromatischere und interessante Alternative zu Buchs und Gamander. Die graugrünen Blätter bilden eine farbliche Bereicherung sowohl während als auch nach der Blüte, und das Summen der Bienen, die die Blüten besuchen, erhöht den Genuss noch zusätzlich.

Bei formalen Kräutergärten erfolgt die Anpflanzung in Quadraten oder Rechtecken, wobei in Kreuzform angelegte Pflaster- oder Kieswege den Garten

Ein weiterer Blick auf den Knotengarten der Well-Sweep Herb Farm.

in gleich große quadratische oder rechteckige Felder teilen. In der Mitte steht gewöhnlich ein Brunnen, eine Statue oder eine Sonnenuhr. Jeder Quadrant wird von einer niederen Hecke umrahmt. Ein Zwerglavendel bietet sich dafür an, und für die Mitte der Anlage wählt man am besten eine der etwas höheren *Angustifolia*- oder Intermedia-Sorten.

Wenn eine Pflanze in einem solchen Garten abstirbt, hat man natürlich ein Problem. Zur Gärtnerei zu fahren und eine neue zu kaufen, ist kein wirklicher Ersatz, denn man wird immer merken, dass es sich dabei um eine Notlösung handelt. Für eine beispielsweise sieben Jahre alte Hecke eine ausgewachsene Ersatzpflanze zu finden, ist fast unmöglich.

Eine gute und erfahrene Gärtnerin, die ich kenne, umgeht dieses Problem, indem sie von Anfang an mehr Pflanzen kauft, als sie braucht. Die überzähligen setzt sie in ein »Warte-Beet«, das sie an einer abgelegenen Stelle des Gartens hinter ein paar Sträuchern extra zu diesem Zweck angelegt hat. Tritt dann der Ernstfall ein, was gewöhnlich mehrere Jahre nach Anlage eines formellen Gartens der Fall ist, hat sie eine »zweite Besetzung« gleichen Alters, gleicher Größe und Sorte parat, die nun als Hauptakteure die Bühne betreten.

Duft und andere sinnliche Freuden aus dem Garten

Ich war gerade in ein Bauernhaus aus den 1830er-Jahren gezogen, da hörte ich zum ersten Mal von der Idee, einen Duftgarten unter einem Fenster anzulegen. Dahinter stand der Gedanke, dass die herrlichen Aromen der Anpflanzung durch das geöffnete Fenster ins Haus strömen. Damals war ich gärtnerisch noch absolut unerfahren und pflanzte Päonien, duftende Iris, Sommerjasmin und Phlox und träumte von kommenden Sinnesfreuden.

Nun handelt es sich bei den Originalfenstern meines Hauses um Schiebefenster, die sich allerdings nicht, wie sonst in Amerika üblich, mittels einer Sicherung fixieren lassen. Man muss sie vielmehr jedes Mal mit einem Klemmstück abstützen. Die mehr als 50 cm dicken Steinwände wirken zwar herrlich isolierend, wenn es im Sommer so richtig heiß wird, aber sie führen eben auch dazu, dass ich 50 cm tiefe Fensterbretter habe. Wenn ich ein Fenster aufmachen will, heißt das, dass ich auf das Fensterbrett klettern muss. Dort, wo ich wohne, kann man die Fenster über längere Zeit eigentlich nur zwischen Ende April und Anfang Oktober geöffnet lassen. Päonien, Iris und Sommerjasmin sind aber längst verblüht, wenn ich die Fenster öffnen könnte, um den Duft zu genießen.

Die Moral von der Geschichte: Achten Sie auf die Blütezeiten, wenn Sie einen Duftgarten anlegen wollen. Wählen Sie Pflanzen, die nacheinander blühen, damit Sie sich mindestens acht Monate lang daran erfreuen können.

Einen Duftgarten sollte man unbedingt dort anlegen, wo man ihn möglichst oft genießen kann: im Spätfrühling und Sommer blühende Pflanzen rings um eine Veranda oder Terrasse, früher zur Blüte kommende Arten entlang eines Wegs oder in der Nähe des Eingangs, wo Sie den Duft jedes Mal einatmen, wenn Sie das Haus betreten oder verlassen. Setzen Sie Kriechenden Thymian zwischen die Pflastersteine, auf die Sie treten, wenn Sie weggehen oder heimkommen. Legen Sie ein Beet an, in dem schon früh im Jahr verschiedene Narzissenarten und Hyazinthen blühen, einige Lavendel wie *L. angustifolia* oder *L.* x *intermedia*, Maiglöckchen, eine hübsche Minze wie die Bergminze *(Pycnanthemum pilosum)*, Lilien, Duftgeranien oder Zitronenstrauch, Eisenkraut, eine duftende Sonnenwende, Pfingstrosen, Melisse/Indianernessel, Rosen und – für eine Blüte sehr spät im Jahr – Einjährigen Beifuß *(Artemisia annua)*.

Moderne Sorten einiger von Natur aus eigentlich süß duftender Blumen wie Pfingstrosen, Rosen und Wicken sind vielfach auf Merkmale wie Krankheitsresistenz, Größe und Farbe hin gezüchtet – und dies meist auf Kosten des Duftes! Wenn Sie aus einem Katalog bestellen oder außerhalb der Blütezeit in einer Gärtnerei einkaufen, sollten Sie unbedingt darauf achten, dass der Begleittext oder das Pflanzenschild eine Bemerkung über den Duft enthält. Andernfalls

Die pflegeleichte Strauchrose ›Royal Bonica‹ bietet sich als Begleitblume zu vielen anderen Pflanzen an; hier wächst sie neben einem 14-jährigen ›Hidcote‹-Lavendel.

müssen Sie sich auf eine unschöne Überraschung gefasst machen: optische Schönheit, aber ohne den charakteristischen Duft.

Unterstreichen und erweitern Sie das Sinnenfreudenspektrum Ihres Duftgartens, indem Sie auch Pflanzen verwenden, die eine besondere Textur haben: den samtweichen Wollziest etwa und die dekorativ trocknenden Strohblumen. Auch Pflanzen, die interessante Fruchtkapseln oder Schoten bilden – Mohn, Okra (*Abelmoschus*), Jungfer-im-Grünen und *Martynia* beispielsweise –, gestalten einen solchen »Texturgarten« interessanter. Und vergessen Sie den Gehörsinn nicht: Dort, wo besonders intensiver Duft herrscht, summen auch die Bienen. Wunderbar entspannend wirkt auch das Plätschern eines kleinen Springbrunnens.

Hecken

Egal ob Sie einen formalen Kräutergarten, den Weg zur Haustür oder einen Pfad durch den Garten einfassen wollen – eine Lavendelhecke ist eine wunderbare Möglichkeit, Besucher auf dem »rechten Weg« zu begleiten. Wegen seiner ver-

Ein öffentlicher Park im Westentaschenformat lädt in Manhattan zum Verweilen ein. Die perfekt geschnittenen Hecken bestehen aus Lavendel und Buchs, dazu kommen purpurfarbene Petunien und silberweißer Beifuß.

Das imposante Gebäude des Archäologiemuseums in Madrid wird von dichten Pflanzungen aus Lavendel und Grauen Heiligenblumen umrahmt.

Die Lavendelrabatte der Well-Sweep Herb Farm zeigt einen Teil des Spektrums, das dort verkauft wird: Die *Angustifolia*-Sorten blühen Mitte Juni, die Intermedias kommen etwa einen Monat später zur Blüte.

holzenden Stängel gleicht Lavendel eher einem kleinen Strauch als einer Staude, dazu kommt als Bonus, dass die Blätter den Winter über an der Pflanze bleiben. Manchen Gärtnern gefällt es, die Zweige auf mehr oder weniger regelmäßige Form zu trimmen, andere lassen die Pflanzen so wachsen, wie sie mögen, und unternehmen auch nichts, wenn einzelne Triebe in den Weg hinein hängen, wo man bisweilen auf sie tritt, sodass sie ihren aromatischen Duft verströmen.

Schmetterlinge anlocken

Schmetterlinge mögen bunte Blüten, und röhrenförmige wie die des Lavendels ganz besonders. Scheinbar fühlen sie sich von üppigem Flor angezogen, das heißt, wenn Sie viele Falter in Ihrem Garten haben wollen, sollten Sie eine reiche Fülle von Blumen setzen.

Schmetterlinge legen ihre Eier auf bestimmte Wirtspflanzen, die den ge-

In Mary Vogels Garten wächst überall Lavendel –
hier in einer Staudenrabatte mit *Heuchera sanguinea.*

schlüpften Raupen dann als Nahrung dienen. Nun gehört Lavendel zwar nicht zu den bevorzugten Wirtspflanzen, aber sein Nektar lockt die bunten Sonnenkinder an, und da Schmetterlinge im Sommer aus der Verpuppung kommen, sind die später blühenden Lavendel gerade in weiter nördlich gelegenen Gärten ideale Futterplätze. Denken Sie daran, dass Pestizide sehr häufig tödlich für Schmetterlinge sind und Herbizide viele heimische Gewächse vernichten, die die Falter lieben.

Gemischte Rabatten

In Staudenrabatten sollte Lavendel ebenso seinen festen Platz haben wie in Mischpflanzungen, Zwiebel- und Sommerblumenbeeten – und zwar seines Wuchses wegen ebenso wie wegen seiner Blätter und Blüten. Da das Laub rund ums Jahr an der Pflanze bleibt, haben Sie von den allerersten Frühlingstagen bis zum winterlichen Schneefall ständig etwas Grünes im Beet. Im Sommer ergänzt der häufig etwas silbrig-graue Ton selbst das schrillste Pink und das leuchtendste Gelborange und passt hervorragend zu allen Blau- und Rotnuancen. Selbst wenn Sie die Blütenstängel schneiden, um sie für Blumensträuße zu verwenden oder zu trocknen, sehen Lavendelpflanzen den allergrößten Teil des Jahres über ausgesprochen attraktiv aus.

Weil gesunder Lavendel keine stehende Luft verträgt und volle Sonne braucht, sollten Sie den Pflanzen ausreichend Platz zum Wachsen lassen. Die größeren Lavendel können Durchmesser von über einem Meter erreichen und mögen es gar nicht, wenn man sie in die Enge eines typischen dicht bepflanzten Staudenbeetes zwängt.

Steingärten

In seiner ursprünglichen Heimat entlang der trockenen felsigen Mittelmeerküste gedeiht Lavendel an vollsonnigen Standorten in mageren, gut durchlässigen Böden. Die bei uns beliebten Steingärten kommen einem solchen Ambiente noch mit am nächsten. Gewöhnlich liegen sie an Steilhängen mit relativ dünner Erdschicht und sehr guter Dränage. Vor allem vollsonnige Südhänge sind für Lavendel geeignet. Die Pflanzen kommen gut mit Trockenheit zurecht, sind begierig nach Sonne, und die geschützte Lage kann ihnen in den Winterhärtezonen 5 bis 9 auch die besten Voraussetzungen für ein langes gesundes Leben bieten.

Steingärten wirken besonders gelungen, wenn sich (niedrige) Wuchsformen sowie Farbfelder in gewissen Abständen wiederholen; setzen Sie deshalb mehrere Pflanzen derselben Sorte an verschiedenen Stellen des Gartens.

Ein Versicherungsgebäude in Madrid schmückt sich mit herrlich duftendem Grün: mit Lavendel.

Lavendel und Efeuranken überwuchern die Fassade und bringen Leben in die kalte moderne Architektur.

Bürogebäude wirken weniger steril, wenn Lavendel und andere Pflanzen mit dekorativem Laub von den Balkonen ranken.

Grün am Bau

Als ich – in Gedanken immer beim Lavendel – durch Spanien reiste, erwartete ich, riesige violettblaue Flächen zu sehen, wo Lavendel wild auf Hängen und kultiviert auf großen Feldern wächst. Es mag solche Blütenmeere tatsächlich geben, doch in den zwei Wochen, die ich dort unterwegs war, habe ich nicht eines gesehen. Stattdessen begegnete mir Lavendel ständig in der Garten- und Landschaftsgestaltung – angefangen von den wenigen steinigen Beeten, die den Mietwagenparkplatz am Flughafen von Granada säumen, bis hin zu üppigen mit *L. dentata* bepflanzten Staudenbeeten vor einem Bürogebäude an einer noblen Einkaufsstraße in Madrid. Besonders beeindruckt hat mich die Verwendung von Lavendel als Balkonkastenbepflanzung, wie ich sie an einem Versicherungsgebäude an einer geschäftigen Madrider Einkaufsstraße sah. Aus der Perspektive eines Passanten schien der gesamte sieben Stockwerke hohe Bau auf allen vier Seiten von einer lavendelblauen Wolke verhüllt. Und die zahllosen Blütenstände spiegelten sich zusammen mit den vorbeiziehenden Wolken in den Fenstern.

Das trockene und warme Klima von Santa Rosa County, Kalifornien, fördert den Wuchs eines Lavendelfelds der Matanzas Creek Winery. *Foto Sandra Maciver.*

Mein empfindlicher Gezähnter Lavendel *(L. dentata)* muss die kühlen Winter in Pennsylvania auf der Fensterbank verbringen, um nicht zu erfrieren. Im Frühjahr kommt er wieder ins Freie und erreicht so ein hohes Alter.

Kübelpflanzen

Lange Jahre pflanzte ich immer wieder empfindliche Lavendel in meine (Winterhärtezone 5) Gartenbeete und musste dann zusehen, wie sie vom ersten tödlichen Frost dahingerafft wurden. Inzwischen bin ich dazu übergegangen, meine *L. dentata* und *L. stoechas* in Terrakottakübel zu setzen, die von Mai bis Oktober an meiner Terrasse neben einer alten Wasserpumpe stehen. Den Winter über hole ich sie dann aber ins Haus, genauer gesagt in meinen nach Osten gehenden Wintergarten, wo sie dank viel natürlichem Licht gedeihen wie vorher im Freien. Einige blühen ständig weiter und erfreuen mit ihrem Duft – umso mehr, wenn draußen Schnee und Eis die Natur erstarren lassen. Allerdings sind die Blüten drinnen sehr viel heller als draußen; manche blühen fast weiß.

Frostempfindliche Arten und Sorten pflanzt man in der Tat am besten in Kübel, um sich selbst Arbeit und den Pflanzen zweimal jährlich den Schock des Umsetzens zu ersparen. Wenn Ihre Lavendel jedoch schon im Freien wachsen, können Sie diese im Spätsommer ausgraben und in Töpfe setzen, die fünf bis sieben Zentimeter größer sind als der Wurzelballen. Gießen Sie gut an und lassen Sie die Pflanzen noch mindestens zwei Wochen lang im Freien. Stellen Sie die Kübel ins Haus, bevor die Heizperiode beginnt, damit die Umstellung ein wenig sanfter erfolgt und Standort- und Klimawechsel nicht auch noch durch extreme Lufttrockenheit erschwert werden. Ideal sind Temperaturen um die 10 °C bei Nacht und etwa 17 °C tagsüber, doch die wenigsten Leute besitzen ein Gewächshaus oder sind bereit, ihren Wintergarten so kühl zu halten. Ich behandle meine Lavendelpflanzen wie Familienmitglieder und halte sie bei 15 °C nachts und um die 20 °C tagsüber, wenn ich neben ihnen sitze und lese oder eine Runde Bridge spiele. Gießen Sie in Kübel gepflanzte Lavendel, wenn sich die Erde trocken anfühlt, und düngen Sie alle drei Wochen.

Wenn die Pflanzkübel im Spätfrühling dann nach draußen kommen, können Sie den Lavendel mit farbenfrohen Einjährigen unterpflanzen, Stiefmütterchen etwa oder zitronengelben Ringelblumen. Wird es im Sommer zu heiß für die Stiefmütterchen, ersetzen Sie diese durch Verbenen oder rankende Kapuzinerkresse. Oder Sie bepflanzen einen Pflanztrog ausschließlich mit Lavendel und stellen weitere mit verschiedenen anderen Blumen daneben. Dann können Sie die Gefäße je nach Blütezeit umarrangieren, sodass das jeweils attraktivste ganz vorne steht. Vorteil dieser Methode ist, dass der Lavendel- Pflanztrog den Winter über, wenn die meisten Sommerblumen abgestorben sind, nie mager aussieht.

Dass man Lavendel in Kübeln und Trögen ziehen kann, ist auch für all jene von Vorteil, die wenig Platz haben und die Pflanzgefäße öfter verschieben wollen oder müssen. Denken Sie nur immer daran, dass Lavendel immer gut durchlässigen Boden und volle Sonne braucht – egal, ob er im Garten oder in einem Topf gedeihen soll.

Zusammen mit bunten Blumen in Kübel gepflanzt, lässt sich Lavendel an jeden beliebigen Platz im Garten stellen.

Formschnitt

Wer sich die Mühe macht und konsequent dran bleibt, kann Lavendel auf ähnliche Weise »in Form« bringen wie etwa Rosmarin, bei dem man diese Art des Schneidens häufiger sieht. Wählen Sie eine winterharte Sorte mit geradem, verholztem Stängel und entfernen Sie alle seitlichen Triebe. Mit zunehmendem Wachstum der Pflanze schneiden Sie weiterhin alle Seitentriebe ab, lassen sie sich oben aber verzweigen. Sobald die gewünschte Höhe erreicht ist, kürzen Sie auch die Spitze ein, damit der Wuchs buschiger wird. Nun können Sie der Krone entweder eine geometrische Form geben oder sie frei wachsen lassen, damit sie auch blühen kann.

Wie immer bei Lavendel ist durchlässiger Boden unumgänglich. Gießen Sie nur, wenn die Erde sich trocken anfühlt, beschränken Sie die Düngung auf das Mindestmaß, und gönnen Sie der Pflanze so viel Sonne wie möglich. Wenn der Stamm im Laufe der Zeit schief und krumm zu werden droht, binden Sie ihn an eine gerade Stütze. Vielen Menschen gefällt aber auch die natürlichere, etwas »knorrige« Gestalt, dann lassen Sie ihn einfach wachsen und haben nach einer Weile eine etwas größere Version des traditionellen Bonsai.

Bis solche Kübelpflanzen voll ausgewachsen sind, vergehen mehrere Jahre. Sie können sie ganzjährig im Haus halten, aber auch den Sommer über auf die Terrasse stellen, was den Pflanzen gut bekommt. Besonders schöne Exemplare, die sich gewöhnlich auf meiner Veranda wohl fühlen, verwende ich bei Bedarf manchmal zu Dekorationszwecken an anderer Stelle – als Mittelpunkt eines Büffets beispielsweise oder bei einer besonderen Party.

Bonsai

Als ich im Frühjahr einmal einen meiner alten *Angustifolia*-Lavendel schneiden wollte, stellte ich fest, dass sich der verholzte Stängel derart verdreht hatte, dass er mich an eine knorrige Zeder erinnerte, wie diese an windgepeitschten Küsten stehen. Es gab wenig neues Wachstum, und die Pflanze sah aus, als werde sie das kommende Jahr nicht überleben. Pflichtbewusst schnitt ich etwa ein Viertel der Blätter zurück und nahm mir vor, den Stock, sollte er weiterleben, zu einem Bonsai umzuformen.

Im August war die Pflanze wunderbar gewachsen und blühte, und ich wagte mich an mein Experiment. Ich legte eine flache Schale mit Plastikfolie aus und gab eine Schicht Kies hinein und darüber etwas sandige Blumenerde. Mit einer scharfen Schere kürzte ich die meisten Triebe ein sowie einen Großteil des Wurzelstocks, damit dieser in die flache Pflanzschale passte. Wie bei jedem Bonsai muss man beim Schneiden der Wurzeln darauf achten, dass zwischen Wurzeln und den oberirdischen Pflanzenteilen Ausgewogenheit besteht. Die Pflanze darf nicht zu »kopflastig« werden. Sie braucht noch genügend Wurzeln, um ausreichend Nahrung für die verbleibenden Blätter (und Blüten) aufnehmen zu können.

Ich setzte den geschnittenen Lavendel in das Gefäß und stellte ihn an ein sonniges Fenster, goß ihn, wenn er trocken war, und gab ihm hin und wieder etwas Dünger. Nach einigen Wochen waren alle alten Blätter verwelkt und abgefallen, und aus den verholzten Stängeln kamen neue Triebe. Allerdings hatte ich mich zu früh gefreut, denn wenig später ist die Pflanze doch noch eingegangen.

Nachdem dieser Versuch missglückt war, begann ich mit einem neuen Bonsai, diesmal mit einer jungen Pflanze, und jetzt befolgte ich auch genau die Vorgaben, sodass sich die gekappten Wurzeln langsam an das eingeschränkte Raumangebot gewöhnen konnten. Ein guter Anfang für eine junge Pflanze, sich zu einem klassischen Bonsai zu entwickeln.

Pflanzkombinationen

Ein einzelner Lavendelstrauch kann im Garten kaum Akzente setzen, da das Blauviolett der Blüten mit dem grünen Laub anderer Pflanzen weitgehend verschmilzt. Um optimal zur Geltung zu kommen, müssen die schlanken Blütenstände schon in großer Zahl vorhanden sein. Eine ältere, regelmäßig geschnit-

Hier spielt Lavendel nach den leuchtend gelben Mädchenaugen die zweite Geige.

Lavendellaub wirkt in einer Mischpflanzung fast das ganze Jahr über attraktiv.

Lavendel und Stiefmütterchen harmonieren wunderschön. Später bereichern einjährige Sommerblumen das Bild. Wenn Ihnen Blüten wichtig sind, können Sie auch Topfpflanzen in das Beet integrieren.

tene Pflanze kann durchaus als Solitär wirken, doch fast immer sieht man Lavendel in Gruppen oder als Hecke gepflanzt.

Wenn Sie Lavendel mit anderen Gartenpflanzen kombinieren wollen, sollten Sie dabei sowohl die Blüte als auch das Laub des Strauches bedenken. Zwiebelblumen etwa wirken im Frühling zauberhaft vor einer Kulisse aus immergrünem Lavendel. Und wenn andere Sträucher und Stauden gerade anfangen auszutreiben, steht der Lavendel bereits in voller Montur parat und setzt zu seinem großen Auftritt an.

Für einen blau-violetten Garten empfiehlt sich die Kombination von Lavendel mit Schwarznessel, lilafarben blühenden Basilikumpflanzen und Kugeldisteln, Verbenen, blauem Rittersporn, Ehrenpreis und einem blauen Salbei wie z.B. ›Blue Bedder‹ oder ›Victoria‹. *Salvia argentina*, ein Salbei mit großen, samtigen, silbergrauen Blättern, unterstreicht das Grau des Lavendellaubes. Pflanzen Sie einmal im Frühling purpurfarbene Stiefmütterchen, und lassen Sie im Spätherbst gleichfarbige Astern den zweiten Flor des Lavendels ergänzen. Dazwischen sorgen weißer Phlox oder im Sommer weiße Lilien für Kontrast.

Sehr häufig findet man Lavendel mit rosa blühenden Pflanzen kombiniert, Lavendelblau und Gelb ist hingegen selten. Eine Gärtnerin aus meiner Nachbarschaft hat ihren Lavendel jedoch vor einer Erbsenfrüchtigen Scheinzypresse *(Chamaecyparis pisifera)* gepflanzt, und ein Gartengestalter in Longwood Gardens, Kennet Square, Pennsylvania, hat mit Färberwaid eine ähnliche Kombination geschaffen. Mir persönlich gefällt auch der Kontrast mit leuchtend goldorangefarbenen Sonnenwenden sowie gelben Schafgarben und Flockenblumen.

Der Farn- oder Fiederblättrige Lavendel *(L. multifida)* ist in meinem Garten einjährig und blüht normalerweise nicht vor Ende Juli oder August. Dann aber geben die bis zu 90 cm hohen Blütenstände eine fantastische Kombination mit leuchtend gefärbten Zinnien ab – ein Blütenschauspiel, das mich jedes Jahr aufs Neue begeistert.

Wenn Sie Lavendel mit anderen Pflanzen kombinieren, bedenken Sie immer, wann diese in Ihrer Region zur Blüte kommen und wie lange der Flor anhält. Sollten Sie die Blüten zum Trocknen schneiden wollen – der beste Zeitpunkt dafür ist, wenn sich die Knospen zu öffnen beginnen –, brauchen Sie auf Blüten freilich keine Rücksicht zu nehmen, sondern können allein auf die Laubfarbe zählen.

Mondgärten

Obwohl schon der indische Kaiser Jahan im Jahr 1639 unweit von Delhi einen Garten mit weißen Blüten und silbergrauem Laub anlegen ließ und möglicherweise sogar noch früher bereits Leue auf den Gedanken kamen, ausschließlich

Vor der leuchtenden Kulisse aus roten Blüten und gelbem Laub kommt das Violett besonders edel zur Geltung.

weiß blühende Blumen zu kombinieren, gilt als Inbegriff eines Mondgartens doch jener von Sissinghurst, England, den Vita Sackville-West gestaltet hat. Alljährlich strömen Tausende von Besuchern nach Sissinghurst und lassen sich von den traumhaften Weiß- und Grautönen verzaubern, die am schönsten zur Geltung kommen, wenn die Sonne bereits hinter dem Horizont versunken ist. In Sommernächten reflektieren die Blüten das helle Mondlicht, und bei einem romantischen Mondscheinspaziergang durch die Anlage scheint das klare Weiß regelrecht zu leuchten.

Bei einem Mondgarten geht es um Licht und um Duft. Und dazu taugen vor allem Narzissen, Lilien, Phlox, Tabakpflanzen, Jasmin und Gardenien, die mit ihrem zauberhaften, schweren Duft die Luft schwängern. Lavendel wird wegen seines silbergrauen Laubes integriert, manchmal sieht man auch weiß blühende Sorten, die sich natürlich besonders gut in das Konzept eines »Weißen Gartens« fügen.

Wenn Sie einen Mondgarten anlegen wollen, sollten Sie ein Beet oder einen Teil des Gartens ausschließlich dafür reservieren und dort nur Pflanzen setzen, die weiß blühen und weiß panaschierte oder silbergraue Blätter haben. Die graue Färbung rührt übrigens von der Reflexion winziger Härchen auf der Blattoberfläche und ist häufig ein Indikator dafür, dass das Gewächs Trockenheit verträgt, da die Härchen das Blatt vor starker Sonneneinstrahlung schützen.

Entscheiden Sie sich, ob Sie das Thema Weiß ganzjährig durchziehen oder nur auf den Sommer beschränken wollen. Und um einen Mondgarten voll auszukosten, müssen Sie ihn dort anlegen, wo Sie in Sommernächten sitzen oder einen Spaziergang machen können. Natürlich wirkt er auch wunderschön entlang einer Auffahrt.

Die Liste der Pflanzen, die für einen Weißen Garten in Frage kommen, ist schier endlos, und es macht Spaß, an langen Winterabenden mit ein paar Katalogen Pläne zu schmieden. Passende Pflanzen finden Sie in vielen Wuchsformen und Gattungen. Dazu gehören Sträucher, Kletterpflanzen, Einjährige und Stauden.

Sträucher und Kletterpflanzen

- Japanische Lavendelheide mit panaschiertem Laub (›Variegata‹); ein Strauch mit wunderschönen grün-weißen Blättern und im Mai und Juni üppigen Rispen voll weißer Blütenglocken.
- Eine weiße Rose wie ›Fair Bianca‹, die Form und Duft einer alten Rose aufweist, aber remontiert (einen zweiten Blütenflor hervorbringt).
- Gardenie, sofern diese in ihrer Winterhärtezone gedeiht.

Anfang Mai ist der Lavendel in Longwood Gardens, Pennsylvania, noch dabei, junge Blätter zu treiben. Doch die leuchtend gelbe Kulisse aus Färberwaid und Erbsenfrüchtiger Scheinzypresse verleiht dem Ganzen schon sommerliche Fröhlichkeit.

- Gartenhortensie wie ›Pee Gee‹ oder eine rankende Kletterhortensie, die beide große und auffällige Blütenstände besitzen.
- Weiße Prunkwinde; eine einjährige Sommerblume mit riesigen weißen Blüten, die sich am Abend entfalten und mit der Morgenröte vergehen.

Stauden

- Weiß blühende Lavendel sind *L. angustifolia* ›Melissa‹, der ein kräftiges Aroma und einen leisen Stich ins Rosane hat; *L. a.* ›Alba‹, ein weißer Lavendel; und *L. a.* ›Nana Alba‹, eine weiße Zwergform. Wählen Sie die Pflanzen nach Wuchshöhe und Winterhärte aus und erkundigen Sie sich in Ihrer Gärtnerei oder im Gartencenter nach Alternativen.
- Wollziest, mit samtig silbergrauen Blättern.
- Silberblattsalbei mit seinen großen auffälligen Blättern.
- Schleierkraut, dessen zierliche weiße Blüten jedem Garten Leichtigkeit verleihen.
- Weißer Phlox, etwa die krankheitsresistente Sorte ›Miss Lingard‹.
- Ein grau-weißer Beifuß wie *Artemisia stelleriana* oder die winterharten ›Silver King‹ oder ›Silver Mound‹.
- Entenschnabelfelberich, wenn Sie ihm zum einen einen geschützten Platz bieten, ihn zum zweiten aber auch in Schach halten können, denn er wuchert gern.

Einjährige Sommerblumen

Um weiß blühende Sommerblumen zu bekommen, könnte es sein, dass Sie Vieles selber aus Samen ziehen müssen. Aber halten Sie in jedem Fall Ausschau nach weißen Tagetes, Zinnien, Löwenmäulchen, Tabakpflanzen, Schmuckkörbchen, Petunien und Steinkrautsorten. Diese blühen den ganzen Sommer über bis zum ersten Frost und sind mehr als nur »Lückenbüßer« in einer weißen Rabatte.

HERBS

Lavendel kultivieren

Lavendel braucht volle Sonne. Verschwenden Sie keine Zeit und Mühe damit, ihn an einen schattigen Platz in Ihrem Garten zu pflanzen. Natürlich ist mir klar, dass es immer Hobbygärtner gibt, die etwas erzwingen und ihren Garten um jeden Preis so gestalten wollen, wie sie es sich in den Kopf gesetzt haben – ohne Rücksicht auf die Pflanzen. Ich habe verkümmerte Lavendelbüsche gesehen, die unter großen Bäumen standen und ihre halb kahlen Triebe verzweifelt dem bisschen Licht entgegen reckten. Doch ich finde, das Leben ist hart genug, auch ohne dass man seinen Pflanzen eine solche Last auferlegt. Wenn andere Sträucher in Ihrer Rabatte also so hoch gewachsen sind, dass der Lavendel kaum noch Sonne erhält, tun Sie sich und ihm den Gefallen: Graben Sie ihn aus und versetzen Sie ihn an einen sonnigeren Standort.

Kurze Sommerdürren verträgt der Lavendel, sofern er gut eingewachsen ist, doch wenn es längere Zeit nicht regnet, sollten Sie ihm schon Wasser gönnen. Zuviel Wasser jedoch verträgt er noch schlechter, denn Wurzelfäule gehört zu den wenigen Pflanzenkrankheiten, die ihm gefährlich werden können. Die Pflanzen vertragen es nicht, im Nassen zu stehen, und es kann sinnvoll sein, sie in ein Hochbeet, an einen Hang oder in einen Steingarten zu setzen. Von Backsteinmäuerchen umgebene Kräutergärten sind häufig mindestens 10 cm erhöht, um eine bessere Drainage zu erhalten. Generell muss der Boden gut durchlässig und möglichst locker sein, damit die Wurzeln nicht längere Zeit im Wasser stehen. Fügen Sie schweren (Lehm-)Böden gegebenenfalls Sand oder Kieselsteinchen bei, um sie lockerer zu machen.

Aufgrund dieser Eigenschaften zählt Lavendel zu den Pflanzen, die für

Eine Rabatte mit *L. a.* ›Hidcote‹ und ›Munstead‹ verläuft neben dem Weg zum Buchladen der Alloway Creek Gardens and Herb Farm. Die Pflanzen genießen hier volle Sonne.

Wenn Sie Lavendel unbedingt an eine schattige Stelle setzen wollen, müssen Sie sich auf sparrige Pflanzen und eine spärliche Blüte einrichten.

Xeriscaping (Wassersparende Garten- und Landschaftsgestaltung) empfohlen werden. In warmen und trockenen Regionen gedeiht er am allerbesten.

Der Boden sollte eher alkalisch sein, das Spektrum des verträglichen pH-Werts reicht von 6,5 bis 8,3. Manche Gärtner geben gerade im Frühjahr auch Kalk zu. Empfehlenswert ist normaler, nicht zu schwerer oder nährstoffreicher Boden. Einmal jährlich eine Gabe Kompost oder gut verrotteter Dung über das Beet verteilt, sollte als Dünger genügen.

Wenn die Blätter zu lange feucht sind, können Pilzerkrankungen auftreten. Setzen Sie junge Pflanzen mit ausreichend Abstand, damit eine gute Luftzirkulation gewährleistet ist. Die Lavendel wachsen so rasch, dass die Lücken bald gefüllt sind. Gießen Sie besser morgens als gegen Abend, damit die Blätter tagsüber abtrocknen können.

Winterhärte

Lavendel werden gewöhnlich entweder als »winterhart« oder »frostempfindlich« eingestuft. Zu welcher Winterhärtezone die Region gehört, in der Sie wohnen, erfahren Sie am einfachsten aus dem Internet (siehe S. 121). Wenn Sie eine Pflanze suchen, die ganzjährig im Freien bleiben kann, erkundigen Sie sich beim

Kauf bei Ihrem Händler. Gefällt Ihnen ein Lavendel, der als nicht winterhart gelistet ist, oder wohnen Sie in einer eher rauen Klimazone, können Sie die Pflanze wie eine Einjährige behandeln, in den Garten setzen und sich am Ende der Saison mit den ersten Frösten für immer von ihr verabschieden. Oder aber Sie setzen sie in einen Kübel, den Sie hinter Glas überwintern und im Frühjahr wieder ins Freie stellen.

Was Ihnen die Winterhärtezonen nicht verraten, ist das Mikroklima des Standorts, den Sie für Ihren Lavendel ausgesucht haben. Es gibt Gegenden, in denen einige wenige Höhenmeter eine volle Skaleneinheit ausmachen. Auch kann etwa eine schützende Steinmauer, die zudem die Sonne reflektiert und Wärme speichert, Bedingungen einer ganz anderen Klimazone schaffen.

Wenn ich mir nicht sicher bin, ob eine Pflanze genügend winterhart für unser Klima ist, setze ich sie in ein Beet an der Ostseite meines alten Steinhauses, wo sie vor dem ständigen Westwind geschützt ist und von den Wärme speichernden Steinen profitiert. Noch besser wäre natürlich eine Lage nach Süden, aber da liegt bei uns die Auffahrt zum Haus.

Die Zoneneinteilung basiert auf Durchschnittstemperaturen, und manchmal gibt es natürlich Winter, die hinsichtlich Temperatur und Niederschlag unter oder über dem Durchschnitt liegen. Vor ein paar Jahren hatten wir in Pennsylvania einen so milden Winter, dass einige der frostempfindlichen Lavendel, die ich als Einjährige hatte halten wollen, überdauert haben. Auch eine dicke Schneedecke kann Pflanzen vor kaltem Wind und Austrocknung schützen. In einem besonders trockenen Winter büßte ich einige Azaleen ein, die zuvor vielen Wintern mit wesentlich niedrigeren Temperaturen getrotzt hatten. In einem anderen Winter warf auch eine an sich frostharte Verbene das Handtuch, nachdem es wochenlang extrem kalt gewesen war. In solchen Fällen rate ich immer, die Sache philosophisch zu betrachten: Wenn eine Pflanze eingeht, sollte man den Verlust als Möglichkeit zu einer Umgestaltung ansehen, nicht als Tragödie. Probieren Sie etwas Neues aus – und warum nicht mit Pflanzen, deren Winterhärte an der Grenze des für Ihre Zone empfohlenen liegen?

Nehmen Sie sich einen Packen Kataloge und machen Sie sich mit der Einstellung eines Wissenschaftlers ans Werk, der einen Versuch durchführt. Es ist schon deshalb spannend, weil die Versandhändler oft für ein und dieselbe Art oder Sorte unteschiedliche Winterhärtezonen angeben. ›Lady‹ beispielsweise fand ich bei einem Anbieter als winterhart in den Zonen 5 bis 8, der nächste nannte die Zonen 5 bis 9. Bei einem anderen hatte offenbar der Korrektor versagt: Auf einer Seite dieses Katalogs war ›Lady‹ winterhart in den Zonen 6 bis 10, auf einer anderen in 5 bis 9. Wieder ein anderer Katalog listete sie übrigens als frostempfindlich auf. Das kann durchaus verwirren. Sollten Sie in Zone 3 oder 4 wohnen und einen winterharten Lavendel suchen, probieren Sie *L. angustifo-*

Ein Wegbelag aus hellen Kieselsteinen reflektiert die Sonne und beugt Pilzerkrankungen bei den Pflanzen vor.

lia ›Hidcote‹ oder ›Mustead‹, die an einer geschützten Stelle mit Mulchanhäufung überdauern sollten.

Zu hoher Nährstoffgehalt im Boden macht die Pflanzen frostempfindlicher. Gehen Sie während der Wachstumsperiode also sparsam mit Dünger um.

Hohe Luftfeuchtigkeit ist oft gefährlicher als hohe Temperaturen, da Lavendel dann anfällig für Pilzerkrankungen wird. In Regionen, in denen dies ein Problem darstellen könnte, würde ich selbst winterharte Arten und Sorten als Einjährige behandeln. Seien Sie jedenfalls darauf vorbereitet, die Lavendelpflanzen jedes Jahr zu ersetzen. Aber das tun Sie mit vielen anderen Blumen ja schließlich auch.

Schädlinge und Krankheiten

Wenn Sie Ihr Lavendelbeet mulchen wollen, sollten Sie Rinden-, Gras- und Heumulch meiden, da diese zu viel Feuchtigkeit speichern könnten. Am besten eignet sich eine 5 cm dicke Lage weißer Sand oder Kieselsteine, die Sonnenlicht und -wärme auf die Pflanze abstrahlen, das Abtrocknen von Regen und Tau beschleunigen und somit Pilzbefall vorbeugen. Als nützlich hat es sich auch erwiesen, die Pflanzen so zu setzen, dass die Luft um sie herum zirkulieren kann.

Irgendwann wachsen die Pflanzen natürlich allein aufgrund ihrer Größe zusammen, insbesondere dann, wenn sie sich an ihrem Standort wohl fühlen. Ein großer Strauch kann dann schon einmal über einen Meter Durchmesser erreichen. Bei Zwergsorten sind fünfundzwanzig bis dreißig Zentimeter realistisch. Wenn Sie die Abbildungen kommerzieller Lavendelfelder genau anschauen, werden Sie feststellen, dass die Pflanzen zwar herunterhängen, aber fast immer erhöht gesetzt sind, und dass der Abstand zwischen den einzelnen Reihen häufig fünfzig bis siebzig Zentimeter beträgt.

Insekten und andere Schädlinge befallen Lavendel kaum, und auch Mäuse und Rehe knabbern nur in Ausnahmefällen einmal kurz daran.

Absolut tödlich für den Lavendel ist der Pilz *Phoma lavandula*. Seine Sporen führen zu schwarzen Flecken auf den Stängeln, an denen die Pflanze langfristig eingeht. Als erstes Merkmal werden die Stängel braun. Wenn Sie diese Symptome an einer kränklich wirkenden Pflanze beobachten – herausreißen und verbrennen. Es gibt ohnehin keine Rettung, und die Sporen können leicht Nachbarpflanzen befallen. Reinigen Sie alle Gartengeräte, die mit der kranken Pflanze in Berührung gekommen sind, sehr gründlich. Am besten desinfiziert man sie mit Alkohol, bevor man sie wieder verwendet.

Wurzelfäule ist die zweite große Gefahr, mit der Ihr Gartenlavendel konfrontiert sein könnte. Beugen Sie vor, indem Sie sparsam gießen und mit dem Aussetzen neuer Sämlinge warten, bis sich der Boden im Frühjahr gut durchwärmt hat.

Schnitt

Schneiden Sie alljährlich im Frühling, wenn keine schlimmen Fröste mehr drohen, und kürzen Sie die Pflanze oben und seitlich um etwa ein Drittel ein. Das regt frisches Wachstum an und verhindert die Ausbildung von verholzten, knorrig geformten Stämmen, die schon fünf Jahre alte Pflanzen uralt aussehen lassen.

Versandgärtnereien bieten auch seltene Sorten an, die Sie in Ihrem heimischen Gartencenter vermutlich nicht finden.

Drastischer Rückschnitt bis ins alte Holz kann eine Pflanze jedoch umbringen. Es ist also sehr viel besser, gleich vom ersten Jahr nach der Pflanzung an immer ein bisschen zu schneiden. Bei älteren Pflanzen, die noch nie getrimmt wurden, rate ich zu einer scharfen Gartenschere und einem Drei-Jahres-Plan: Wenn im Frühjahr der neue Austrieb erscheint, schneiden Sie etwa ein Drittel der Stängel bis auf einige Zentimeter oberhalb der Stelle zurück, wo der verholzte Teil anfängt. Den Rest der Stängel kürzen Sie etwa um ein Drittel. Die nächsten beiden Jahre schneiden Sie ein weiteres Drittel der Stängel bis in die Nähe des Holzes und kürzen alle anderen Triebe. So bekommen Sie die Pflanze binnen drei Jahren in den Griff, ohne sie so zu verletzen, dass sie eingeht.

Pflanzenkauf

Sowohl Sämlinge als auch ausgewachsene Pflanzen in allen möglichen Topfgrößen sind in Gärtnerei, Gartencenter und auch über Versand erhältlich. Einige Bezugsquellen finden Sie auf den Seiten 121 und 122. Erfahrene Gärtner wissen, dass es selbst bei an sich zuverlässigen Händlern vorkommen kann, dass Sorten verwechselt werden. Wenn Ihr Kauf sich also als deutlich höher wachsend entpuppt als gedacht oder unerwartet breite Blätter hat, könnten Sie die falsche Art erhalten haben. Freuen Sie sich trotzdem an der Pflanze!

Größere Pflanzen sind naturgemäß teurer als Sämlinge, doch es lohnt sich auch, mehr Geld zu investieren, denn Lavendel wächst langsam. Da die Pflanzen in der professionellen Zucht gewöhnlich über Stecklinge vermehrt werden, sollten Sie darauf achten, dass Exemplare in kleinen Töpfen auch wirklich angemessen entwickelte Wurzeln haben – nicht dass Sie einen gerade erst in die Erde gesteckten Trieb kaufen. Drehen Sie den Topf vorsichtig um, klopfen die Pflanze samt Ballen heraus und schauen nach sichtbaren Wurzeln. Sehen Sie keine, warten Sie besser noch ein paar Wochen und kommen dann wieder. Wählen Sie Pflanzen, die an den Spitzen jungen Austrieb zeigen.

Genauso problematisch können Pflanzen sein, die beim Aus-dem-Topf-nehmen zu viele Wurzeln zeigen. Solche Lavendel waren zu lange im Topf, was natürlich Stress bedeutet und Schwierigkeiten beim Anwachsen im Garten verursachen könnte. Möchten Sie eine solche Pflanze trotzdem erwerben, nehmen Sie einen dünnen Stab und lösen Sie vorsichtig einige der Wurzeln, bevor Sie den Lavendel in den Garten setzen.

Wenn Sie Kräuter oder andere Pflanzen im Supermarkt oder Baumarkt kaufen, können Sie Glück haben und kräftige und gesunde Exemplare erhalten – sofern die Pflanzen höchstens ein oder zwei Tage vorher angeliefert wurden. In solchen Geschäften werden Pflanzen nämlich für gewöhnlich sehr schlecht versorgt und leiden schon nach wenigen Tagen sichtlich. Überlegen Sie einen solchen Kauf also gründlich und lassen Sie sich nicht von billigen Preisen verlocken.

Obwohl ich meine *L. angustifolia*-Sämlinge unter Pflanzlicht ziehe, sehen sie bis zum zweiten Jahr meist recht mickrig aus. Dann aber sind sie genauso kräftig und robust wie jede gekaufte Pflanze.

Anzucht aus Samen

L. angustifolia kann man aus Samen ziehen, aber seriöse Samenhändler warnen ihre Kunden, denn das Ergebnis kann recht unterschiedlich ausfallen. Aus einem Samenpäckchen werden nicht nur identische Pflanzen hervorgehen. Wenn Sie ein paar Pflanzen zum Auffüllen Ihrer Rabatte brauchen, mag das kein Problem sein. Doch für eine Hecke sollten Sie die Sämlinge in einem separaten Beet vorziehen und nach etwa einem Jahr aussortieren, damit Sie nicht Ihre Mühe in eine letztlich unregelmäßige Hecke investiert haben. Suchen Sie also nach einem Jahr diejenigen Pflanzen aus, die sich am ähnlichsten sehen, und nehmen Sie diese für Ihre Hecke oder Beeteinfassung.

Um das Ganze zusätzlich zu komplizieren, wird *L. angustifolia* manchmal auch als *L. spica* (Speiklavendel), *L. officinalis* oder *L. vera* angeboten. Ich habe einmal einen Samenhändler gefragt, warum seine Firma auf den Samentütchen veraltete Namen verwendet, und der Chef des Unternehmens antwortete mir, sie hätten noch so viele bereits bedruckte Tütchen, dass sie diese erst aufbrauchen wollten, bevor sie neue drucken lassen. Kein Wunder, dass Hobbygärtner da in Verwirrung gestürzt werden. Wenn Sie eine bestimmte Sorte möchten, halten Sie Ausschau nach ›Hidcote‹, ›Munstead‹ oder ›Lady‹.

›Lady‹ wurde in Amerika gezüchtet und räumte 1994 zahlreiche Preise ab. Sie blüht bereits im ersten Jahr nach der Aussaat üppig, erreicht bei kompaktem Wuchs eine Höhe von 30 cm (zum Vergleich: Die Art wird 75 cm hoch) und ist in den Zonen 5 bis 9 winterhart. Ich habe im Rahmen der Recherchearbeiten zu diesem Buch Samen davon ausgesät, und obwohl die Jungpflanzen noch klein waren, blühten sie in der Tat bereits im September des ersten Jahres.

Beginnen Sie die Aussaat in einer Saatschale acht bis zehn Wochen vor dem letzten Frosttermin Ihrer Region. Decken Sie die Ansaat drei Wochen lang mit einer Kunststofffolie ab und stellen Sie sie in ein Frühbeet. Als ich noch kein Frühbeet hatte, stellte ich einen Teil in einen alten Kühlschrank und einen Teil gleich ins Freie vor eine Steinmauer, wo ich die Saatschale mit Fichtenzweigen abdeckte. Beide Methoden haben funktioniert und zeigten eine gute Keimungsrate.

Pflanzen Sie winterharte Lavendelarten und -sorten im Frühling in Kombination mit Zwiebelblumen und/oder Stauden.

Nach der Entfernung aus dem Frühbeet brauchen die Samen Licht zum Keimen. Meine habe ich auf ein Fensterbrett gestellt. Eine Saatschale, die ich zu viel gegossen habe, hat dies nicht vertragen und ist auf dem Kompost gelandet.

Wie bei allen Sämlingen ist allmähliche Abhärtung wichtig. Stellen Sie die Pflänzchen etwa fünf Tage lang an einen geschützten Platz ohne direkte Sonneneinstrahlung, bevor sie in den Garten gepflanzt werden. Warten Sie mit dem Auspflanzen bis nach dem letzten Frost, damit sich der Boden etwas erwärmt hat. Im ersten Jahr werden Sie gelegentlich gießen müssen, doch achten Sie auf gute Dränage, damit die Jungpflanze nicht über längere Zeit »nasse Füße« hat. Manche Fachleute empfehlen, im ersten Jahr alle Blütentriebe möglichst frühzeitig (also lange vor der Blüte) zu kappen, damit die Pflanze ihre Kraft auf das Wachstum konzentrieren kann. Ich gestehe aber, dass ich meine Lavendel so früh wie möglich blühen lasse, auch wenn sie dadurch vielleicht etwas länger brauchen, um sich voll zu etablieren.

L. x *intermedia* lässt sich nicht aus Samen ziehen, weil es sich um eine Hybride handelt und diese steril sind. Und sollten Sie vorhaben, Massen von ›Grosso‹ zu ziehen, dürfen Sie ebenfalls nicht nach Samen suchen.

Stecklinge

Wenn Sie von einer Mutterpflanze Stecklinge nehmen, werden Sie Pflanzen erhalten, die mit dieser identisch sind, also Klone. Ein weiterer Vorteil besteht darin, dass Ihnen die Mutterpflanze gar nicht gehören muss. Und ich habe noch nie erlebt, dass jemand, den ich darauf angesprochen habe, sich geweigert hätte, mir einen Ableger zu geben. Vielleicht können Sie sich bei dem edlen Spender ja auch Ihrerseits mit einem Steckling aus Ihrem Garten revanchieren.

Nicht die feine Art ist es, in einer Gärtnerei oder einem Gartencenter heimlich Stecklinge abzubrechen – auch wenn der Gedanke noch so verlockend erscheint. Gärtner gehören zu den großzügigsten Menschen überhaupt, solange man nicht ungefragt Hand an ihre Pflanzen legt, hier und dort ein Zweiglein abknipst und in einer Plastiktüte verschwinden lässt. Wenn man Sie bei so etwas beobachtet, brauchen Sie sich nicht zu wundern, wenn nachher der Gärtner mit einer Hacke hinter Ihnen her ist.

Für einen (legalen!) Steckling suchen Sie einen passenden kleinen Zweig aus – etwa fünfzehn Zentimeter lang – und trennen ihn sorgfältig ab. Ein Steckling muss ein Stückchen vom Haupttrieb der Mutterpflanze haben, wenn er gut anwachsen soll, also ist es besser, ihn abzubrechen, als ihn mit Messer oder Schere abzuschneiden. Streifen Sie die unteren Blätter ab, lassen die oberen aber dran. Tauchen Sie das untere Ende ins Wasser und anschließend in Bewurzelungshormon. Drücken Sie mit einem Bleistift oder einem dickeren Ast ein Loch in die Erde und drücken Sie den Steckling so weit hinein, dass ungefähr noch drei Zentimenter herausschauen.

Pauline Pettitt-Palenik von der Cool Spring Lavender Farm auf der Delmarva-Halbinsel, die zur Winterhärtezone 7 gehört, macht ihre Stecklinge im Herbst, wenn die meisten Herbstarbeiten im Garten erledigt sind. Sie setzt sie in ein Frühbeet und deckt sie an Tagen mit frostigen Temperaturen ab. Bald bilden sich Wurzeln, die im zeitigen Frühjahr kräftig weiter wachsen. Gegen Ende des Sommers sind ihre einjährigen Pflanzen groß und robust.

Wer kein Frühbeet hat oder – wie ich – zu den bequemen Gärtnern gehört, schneidet seine Stecklinge im Frühjahr, wenn die Gefahr starker Fröste vorbei ist. Sie müssen feucht, aber nicht zu nass gehalten werden, bis sie gut eingewurzelt sind.

Vermehrung durch Absenker

Beginnen Sie mit dieser Methode im Frühjahr. Ausgangspunkt ist eine Mutterpflanze, die sich in Ihrem Garten wohl fühlt. Wählen Sie einen langen, flexiblen Trieb aus und drücken Sie ihn bogenförmig zur Erde. Messen Sie von der Spitze zehn bis zwölf Zentimeter ab und markieren Sie am Boden die Stelle, wo dieser Punkt die Erde berührt. Streifen Sie bis auf zehn Zentimeter vor der Spitze alle Blätter und Verzweigungen von dem Zweig ab. Heben Sie mit einer Schaufel an der markierten Stelle einen etwa zehn Zentimeter tiefen kleinen Graben aus. »Rodale's Encyclopedia of Gardening« empfiehlt, den Stängel entlang der Stelle, die in den Boden versenkt wird, mit einem kleinen Schnitt zu verletzen und einen Zahnstocher hinein zu stecken, um die Wunde offen zu halten. Bestäuben Sie die Wunde mit Bewurzelungshormon und fixieren Sie den Absenker mit einem hakenförmigen Draht (oder einer altmodischen Haarnadel). Füllen Sie den Graben mit Erde auf. Stützen Sie die aus dem Boden ragende Triebspitze, damit sie senkrecht steht. Gießen Sie das Ganze gut an und sorgen Sie dafür, dass die Stelle nicht austrocknet oder von Unkraut überwuchert wird.

Sehen Sie im Herbst nach, ob sich Wurzeln gebildet haben, indem Sie vorsichtig die Erde beiseite schieben. Entfernen Sie den Draht und ziehen ganz vorsichtig an dem Trieb, um festzustellen, ob er durch Wurzeln gehalten wird. Ist das der Fall, trennen Sie ihn mit einem Schnitt von der Mutterpflanze, lassen ihn aber noch bis zum nächsten Frühjahr an Ort und Stelle. Dann können Sie ihn guten Gewissens versetzen. Hat der Trieb keine Wurzeln gebildet, kappen Sie die Verbindung nicht, sondern sehen im Frühjahr noch einmal nach.

Diese Methode kann auch dann funktionieren, wenn Sie einen Trieb einfach auf die Erde drücken und den Teil, der den Boden berührt, dort fixieren – ganz

Die Pflanzen auf der Cool Spring Lavender Farm in Delaware, USA, fühlen sich in sandigem Boden wohl. Der große Abstand zwischen den Pflanzreihen sorgt für gute Luftzirkulation.

ohne Einschnitt, Bewurzelungshormon und Stützhilfe. Manche Ausläufer bildende Arten vermehren sich selbst durch Absenker und bewurzeln ohne jede Hilfe von außen. Solche Absenker trennen Sie mit einem glatten Schnitt von der Mutterpflanze, lassen sie noch bis zum nächsten Frühjahr stehen und pflanzen sie dann um.

Wenn Sie schon dabei sind und alle Hilfsmittel parat haben, bietet es sich an, gleich mehrere Triebe am Boden zu fixieren. Denken Sie nur, welch reiche Ausbeute an Ablegern Sie im kommenden Frühjahr zur Verfügung haben werden!

KAPITEL SECHS

Lavendel ernten

Schneiden zum Trocknen

Die französischen und englischen Zulieferer der Parfümindustrie ernten Lavendel mit aufwändigen mechanischen Geräten von ihren weiten violettblauen Feldern. Im Hobbygarten und auf kleinen Blumen- und Kräuterfarmen wie der meinen dagegen schneidet man ihn mit der Schere von Hand. Das ist sogar von Vorteil, denn die Blütenstände einer Pflanze reifen natürlich nicht gleichzeitig. So kann man nach und nach selektiv zum jeweils besten Zeitpunkt ernten.

Schneiden Sie, wenn der Flor seine volle Farbenpracht erreicht hat und sich die ersten Knospen zu öffnen beginnen. Beim Trocknen verfärben sich die Blüten nämlich braun. Daher erzielt man das beste Farbergebnis, wenn man Lavendel im Knospenstadium schneidet.

Will man den Lavendel trocknen, sollte beim Schneiden kein Tau an den Pflanzen haften – eine gute Erntezeit ist deshalb der späte Nachmittag. Lässt sich dies mit Ihrem Tagesablauf nicht vereinbaren, dann schneiden Sie den Lavendel, wann immer die Blüten trocken sind. Die Länge der Stängel hängt vom Verwendungszweck ab: Möchten Sie einen dicken Strauß binden und aufhängen oder brauchen für Ihr geplantes Werk lange Stiele, dann schneiden Sie ihn mitsamt den – ebenfalls aromatischen – Blättern dicht über dem Boden. Dabei müssen Sie allerdings in Kauf nehmen, dass Sie Triebe eines eventuellen zweiten Flors entfernen. Benötigen Sie nur kurze Stängel für Potpourris, dekorative oder kulinarische Zwecke, dann schneiden Sie kurz vor dem ersten Blatt.

Bündeln Sie die Stängel mit Gummibändern zu kleinen Büscheln, und hängen Sie diese mit Büroklammern an einem warmen, dunklen und trockenen Ort

Helfer der Matanzas Creek Winery im kalifornischen Santa Rosa ernten *L.* x *intermedia* ›Grosso‹ und ›Provence‹ von Hand für das jährliche Lavendelfest im Juni. ***Foto Sandra Maciver.***

auf. Wie stets beim Blumentrocknen gilt: Je wärmer, dunkler und trockener die Umgebung, desto schneller trocknet das Bündel und desto besser bleiben Farbe und Duft erhalten.

Nach etwa einer Woche ist der Lavendel vollständig getrocknet. Lagern Sie ihn dann in einem verschlossenen Pappkarton und nehmen Sie ihn erst heraus, wenn Sie ihn brauchen. Die Dunkelheit bewahrt ihn vor dem Verblassen. Soll er in der Küche verwendet werden, verschließen Sie ihn staubgeschützt in einem Plastikbeutel.

Die besten Sorten zum Trocknen

Die rosafarbenen und weißen Sorten sehen im Garten zwar sehr dekorativ aus, sind in getrocknetem Zustand aber fad und leblos. Auch *L. multifida* und *L. stoechas* eignen sich zum Trocknen nicht, denn ihre Farbe ist stumpf. Kaufen Sie zu

Zum Trocknen schneidet man Lavendel im Knospenstadium, denn dann ist die Farbe am intensivsten.

Im Juni und Juli trocknen kleine Lavendelbüschel, umwickelt mit Gummiband und aufgehängt an Büroklammern, auf meinem warmen Dachboden sehr schnell.

diesem Zweck besser tief blau blühende Sorten wie *L.* x *intermedia* ›Dutch‹ und *L. angustifolia* ›Hidcote‹ oder solche mit besonders langen, geraden Blütenstängeln wie *L.* x *intermedia* ›Grosso‹ oder ›Provence‹.

Schneiden für frische Sträuße

Auf den Blumengroßmärkten von New York und Philadelphia habe ich noch nie frisch geschnittenen Lavendel entdeckt, auch nicht in Blumengeschäften, ja nicht einmal auf den Verkaufständen von Gärtnereien. Dabei ist Lavendel eine bezaubernde Schnittblume. Seine Stängel sind zwar kurz, aber ein Strauß aus ein paar Büscheln mit jungen Knospen hält sich in der Vase mindestens zwei Wochen.

Schneiden Sie Lavendel früh am Morgen – Schnittblumen macht Tau nichts aus. Streifen Sie die unteren Blätter ab und fügen Sie dem Wasser ein handelsübliches Konservierungsmittel für Schnittblumen hinzu. Zu sehen, wie sich die Knospen entfalten und die ersten Blüten kontrastierende Farbtupfer herbeizaubern, ist eine Augenweide. Der Duft ist zart, doch Sie können ihn verstärken, indem Sie ab und an ein oder zwei Blätter leicht reiben und einreißen.

Solche Arrangements gelingen jedem: Kleine Vasen mit Blumen füllen, die der Garten gerade hergibt, das Ganze hübsch gruppieren – und fertig ist das Stillleben.

Die dekorative Wirkung

Ob frisch oder getrocknet – Lavendel eignet sich hervorragend für die Innendekoration, verlangt aber einiges Geschick. Eine meiner Faustregeln lautet, ihn stets büschelweise zu arrangieren. Denn ein einzelner Stängel kommt, so interessant und farbenfroh er bei näherer Betrachtung auch sein mag, inmitten anderer Blumen nicht zur Geltung.

Einfache, elegante Arrangements mit frischem Lavendel

Ein Strauß aus ein oder zwei Handvoll frisch geschnittenem Lavendel, den Sie in eine schlichte Glasvase stecken, braucht keinen weiteren Zierrat und erfüllt den Raum mit dezentem Duft.

Was aber, wenn man nur einige wenige Stängel ernten kann oder will? Ich präsentiere sie gern zusammen mit anderen Blumen in jeweils eigenen kleineren Vasen. Solche Arrangements lassen sich zu fast jeder Jahreszeit gestalten und gelingen auch Ungeübten. Das Foto auf Seite 86 zeigt ein Ensemble aus dem Spätfrühling: Pfingstrosen, Stiefmütterchen, Schafgarbe, Wollziest, Rittersporn, Rosen, violette Glockenblumen, Flocken- und Kornblumen.

Selbst im späten November und nach mehreren Frosteinbrüchen finde ich immer noch etwas Passendes: Chrysanthemen, Mispelzweige mit Beeren, das silbrige Laub des Heiligenkrauts, eventuell einen Rittersporn, der sich in einem geschützten Winkel wacker gehalten hat, Reste des zweiten Flors der Schleifenblume sowie ein oder zwei goldgelbe Thujazweige – getrennt in kleine Gefäße gestellt und hübsch gruppiert – eine wahre Augenweide.

Als Vase können Sie alle kleinen Behälter verwenden, die wasserdicht sind: Eierbecher, Kerzenhalter, Sherrygläser, Mokkatassen, Sakekrüge oder Teekännchen, ja sogar (standfest gesicherte) Reagenzgläser und selbst Eierschalen. Allerdings muss man solche kleinen Gefäße bis zum Rand mit Wasser füllen und ein- bis zweimal täglich nachgießen.

Einfache, elegante Arrangements mit getrocknetem Lavendel

Wenn Sie getrocknete Blumen und Kräuter zu Schau stellen wollen, ist die Auswahl an Gefäßen ungleich größer. Da sie nicht wasserdicht sein müssen, eignet sich fast alles. Die alten Babyschuhe auf dem Foto von Seite 88 unterstreichen die Zartheit der kleinen Knospen von *L.* x *intermedia* ›Dutch‹; damit sie in die Stiefelchen passen, habe ich die Stiele gekürzt.

Auch gehäkelte oder Stoffschühchen lassen sich verwenden. Tauchen Sie diese nach Herstelleranweisung in Wäschestärke und stopfen Sie sie dann mit Wachspapier aus. Achten Sie darauf, dass die Schuhe gerade stehen, damit sie beim Trocknen die Form bewahren. Für Tauffeiern zum Beispiel ist eine Reihe aus fünf bis sieben Babyschühchen mit Lavendel eine niedliche Dekoration – Sie können auch jedem Gast eines als Dankeschön mitgeben.

Dufterlebnisse mit Schnittblumen

Bei Essenseinladungen ist eine flache Schale mit duftenden Blumen ein idealer Tischschmuck, denn sie ist ein hübscher Blickfang, ohne den Gästen die Sicht zu verstellen. Wenn der Lavendel Knospen treibt und die Blütenstände gerade ihre volle Farbenpracht entwickeln, können Sie im Garten Ausschau nach anderen duftenden Blumen halten. Ob Wicken, Maiglöckchen oder frühe Rosen – pflücken Sie, was sich gerade bietet. Stellen Sie die Ausbeute für circa zehn Stunden in einen Eimer mit warmem Wasser. Nehmen Sie die Blumen dann heraus und kürzen Sie die Stiele.

Ein gutes Match: getrockneter Lavendel und ausgefallene Behälter.

Präsentieren Sie einen Teil Ihrer frischen Lavendelernte in einer großen Schale. Sie werden bis zu zwei Wochen Freude daran haben.

Überspannen Sie eine (trockene!) Porzellanschale mit einem Gitter aus schmalem Heftpflaster oder Tesaband, damit die Blumen in Position bleiben. Zwei Streifen längs, drei Streifen quer dürften genügen. Sie sollten höchstens 1,5 cm über den Außenrand reichen, damit man sie, wenn die Schale gefüllt ist, nicht sieht. Säumen Sie den Rand mit Bronzeblatt, Efeu oder großen Veilchenblättern. Füllen Sie dann die Schale üppig mit den gesammelten Blumen.

KAPITEL SIEBEN

Kunstvolle Kreationen mit Lavendel

Lavendelbukett

Für traditionelle Lavendelspindeln werden frische Zweige so mit Schleifenband verflochten, dass dieses die Blüten vollständig umschließt. Es ist ein mühseliges Werk mit dem Ziel, den Duft zu erhalten und zu verhindern, dass getrocknete Knospen zwischen die Wäsche geraten.

Ich muss Ihnen gestehen: Ich habe noch nie eine Lavendelspindel geflochten und werde es wohl auch nie tun. Erstens finde ich nie die Muße, wenn mein Lavendel gerade »flechtreif« ist, und zweitens bin ich für diese penible Handarbeit schlichtweg zu faul. Vor allem aber finde ich die violettblauen Blüten viel zu schön, um sie zu verstecken. Deswegen ziehe ich Lavendelbuketts vor. Geht man vorsichtig mit ihnen um, spenden sie viele Jahre Freude.

1 Jedes Lavendelbüschel mit einem Gummiring zusammenbinden. Beide Bündel, jeweils mit den Stängeln nach innen, auf die Mitte des Deckchens legen. Die Stängel, die über Blütenstände hinausragen, einkürzen. Knapp 25 cm lange Bündel müssten gut passen.

2 Die beiden Seiten des Deckchens zu einer Rolle zusammenschlagen und die Ränder umknicken. Die Deckchenmitte mit etwas Heißkleber, Bastelleim oder ein paar Nadelstichen befestigen.

3 In der Mitte auf dieselbe Weise eine kleine Schleife anbringen.

Sie brauchen:

2 Bund getrockneten Lavendel
2 Gummiringe
Spitzendeckchen (Durchmesser ca. 20 cm)
kleine Stoffschleifen
Schere
Schmelzkleberpistole und Klebesticks, Weißleim oder Nadel und Faden

Mit Lavendelbuketts im Spitzenmantel lassen sich ohne viel Aufwand Badezimmerregale dekorieren und Kleiderschränke parfümieren.

Lavendelgirlande

Länge und Dicke einer Lavendelgirlande lassen sich nach Lust und Laune variieren und ebenso, weil aus Draht gebogen, die Form: Ein lang gestrecktes wellenförmiges **S** können Sie über dem Bett, ein umgekehrtes **U** über einem Spiegel oder Bild drapieren und mit einem **L** die Ecken von Türen oder Fenstern umrahmen. Oder Sie fertigen, wie auf dem Foto zu sehen, ein kleines rundes **M**. Die Anleitung lässt sich leicht jeder Form anpassen.

1 Den Draht auf die nötige Länge zurechtschneiden (Windungen einkalkulieren!) und in die gewünschte Form biegen.

2 Planmäßiges Vorgehen ist wichtig! Am besten von einem Ende bis zur Mitte der Girlande arbeiten, dort abbinden und den Vorgang vom anderen Ende aus wiederholen. Mit einer Schleife oder einem Blumentuff lässt sich die Mitte dekorieren. Natürlich kann man Girlanden auch fortlaufend vom einen Ende zum anderen binden.

Diese zierliche Girlande rahmt die Jugendfotos zweier Schwestern. Nach demselben Prinzip lassen sich auch größere, üppigere Lavendelgirlanden anfertigen.

3 Für die abgebildete kleine Girlande aus starkem Draht ein **M** formen. Dann am Fuß eines Außenschenkels Blumendraht befestigen und mit diesem das erste kleine Büschel Trockenblumen (ein- oder zweimal umwickeln). Die Stiele zeigen nach oben, die Blütenköpfe enden kurz unter dem Schenkel.

4 Ein zweites Büschel auf die Stiele des ersten legen und mit Draht festbinden. Darauf achten, dass die Stiele kaschiert werden! Auf diese Weise bis zum oberen Ende des Schenkels fortfahren.

5 Kurz vor der Biegung kürzere Büschel nehmen und bis zur Spitze Mitte weitermachen. Dort den Blumendraht, nachdem das letzte Büschel umwickelt ist, auf der Rückseite abbinden und abschneiden.

6 Ausgehend vom Fuß des anderen Schenkels die oben beschriebenen Schritte wiederholen, bis die Lavendelstränge sich in der Mitte treffen.

7 Den Stoß und noch sichtbare Stiele durch Aufkleben einzelner Blüten verbergen und der Girlande so mehr Fülle verleihen.

Sie brauchen:

ca. 1–1,5 mm dicken Draht (gibt es in Haushalts- und Eisenwarengeschäften)
Drahtschere
Handschere
Blumendraht
Lavendel und andere getrocknete Blumen wie Silberimmortelle, Kugel-Amaranth oder Jungfer-im-Grünen
Schmelzkleberpistole und Klebesticks oder Weißleim
eventuell Stoffschleifen

Wiesenblumenkranz

In der sonnenverwöhnten Provence, wo weite Lavendelfelder die Parfümindustrie versorgen, hat man ein Faible für die Kombination von leuchtendem Blau und Gelb. Beim umseitig abgebildeten grazilen Kranz kontrastiert violettblauer *L. angustifolia* mit getrocknetem Wildem Senf und Butterblumen, die auf den Wiesen rund um mein Zuhause in Pennsylvania gedeihen. Das Skelett besteht aus Draht, daher können Sie Form und Größe des Kranzes frei bestimmen. Außerdem kostet das Schmuckstück so gut wie nichts.

1 Von dem dicken Draht so viel abschneiden, dass Sie einen Kreis mit 30 cm Durchmesser biegen können. Ist der Blumenvorrat begrenzt, formt man einfach einen kleineren Kranz.

2 Zum Schließen ein Drahtende zu einer kleinen Schlinge umschlagen, das andere Ende hindurchziehen, zurückbiegen und festwickeln.

Ländlicher Kranz aus getrocknetem Lavendel, Butterblumen und Wildem Senf.

Sie brauchen:

ca. 1–1,5 mm dicken Draht (gibt es in Haushalts- und Eisenwarengeschäften)
0,4–0,7 mm dicken Blumendraht
Handschere
Drahtschere
Lavendel und andere getrocknete Blumen

3 Den Lavendel mit anderen Trockenblumen zu kleinen Büscheln bündeln. Die Stiele auf eine einheitliche Länge (hier 20 bis 25 cm) kürzen und mit Blumendraht am Kranzkörper befestigen. Wickeln Sie ein Büschel nach dem anderen fest – je mehr, desto fülliger wirkt der Kranz.

Dieses terrassierte Gesteck harmoniert bestens mit einer modernen Umgebung.

Terrassiertes Trockengesteck

Für solche Arrangements ist der ›Grosso‹-Lavendel mit seinen langen geraden Stängeln ideal geeignet. Ich habe ihn büschelweise gesteckt, damit er ins Auge fällt und von seinen Begleitern Hahnenkamm und Schlauchpflanze nicht in den Schatten gestellt wird. Hahnenkamm und Schlauchpflanze sind bereits solo imposante Erscheinungen. Die Schlauchpflanze liebt moorigen Boden und steht mancherorts unter Naturschutz; man kann sie selbst ziehen, aber auch – frisch oder getrocknet – im Fachhandel erstehen. Gebündelt und an einem warmen, dunklen und trockenen Ort aufgehängt, trocknet sie in drei Tagen. Natürlich machen sich in solchen Gestecken andere Blumen mit kräftigen geraden Stielen ebenso gut, zum Beispiel Rittersporn, Rosen, Schafgarbe, Kugel- und Färberdistel. Dazu passen am besten henkellose Gefäße. Hier ist es ein Bambuskorb (20 cm im Quadrat), doch auch eine rechteckige Porzellanschale sieht wunderschön aus.

Sie brauchen:

Korb oder Porzellanschale
1 oder 2 Blöcke grüner Blumenschwamm (kein Styropor, das zu hart ist)
Schälmesser
Handschere
grünes Bastelmoos
getrocknete Blumen, hier Lavendel, Hahnenkamm, Schlauchpflanze und Wilde Möhre

1 Korb oder Schale bis zu den Seitenrändern mit Blumenschwamm auslegen (bei Bedarf mit einem Messer zurechtschneiden) und darauf eine Lage Moos geben.

2 Zuerst die hinterste Reihe bzw. oberste Terrasse stecken, hier sind es vier Schlauchpflanzen und ein Hahnenkamm. Die Stiele sind gleich lang, hier 35 cm. Alle in gleichmäßigen Abständen 5 cm tief in den Schwamm stecken.

3 In der Reihe davor habe ich vier etwas kürzere Lavendelbüschel aus je acht bis zehn Stängeln verteilt.

4 Auf dieselbe Weise nach vorne weiterarbeiten. Jede Reihe ist etwas niedriger als die dahinterstehende, hier circa 3 cm. Ich habe die Anzahl der Hahnenkämme und Schlauchpflanzen pro Reihe variiert, nicht aber die der Lavendelbündel. Sie können es natürlich halten, wie es Ihnen gefällt.

5 Den unteren Abschluss bildet ein Saum aus kurzen Blumen. Hier sind es die Blüten der Wilden Möhre, die ich ausgebreitet auf einem Fliegengitter getrocknet habe.

Ein Lavendelturm lässt sich auf einem Tisch oder Kaminsims aufstellen – überall dort, wo ein Blickfang benötigt wird.

Lavendelturm

Dieses formale Gesteck ist ein reizvoller Blickfang, zum Beispiel als Tischdekoration. Man kann sich auf Lavendel beschränken, aber genauso gut diverse Trockenblumen kombinieren. Meine Wahl hängt oft davon ab, was ich gerade zur Hand habe. Um meinen Lavendelvorrat nicht komplett zu plündern, habe ich rosafarbenen und violetten Rittersporn und kleine goldgelbe Chrysanthemen zugefügt.

Sie brauchen:

einen 35 cm hohen Blumenkegel aus Styropor
Blumenklammern
grünes Blumenmoos
einen kräftigen Gummiring
Bast oder Schleifenband
Lavendel und andere getrocknete Blumen
Schmelzkleberpistole und Klebesticks

1 Für einen eindrucksvollen 50 cm hohen Turm braucht man einen etwa 35 cm hohen Blumenkegel. Den Kegel mit Blumenmoos umwickeln und dieses mit Blumenklammern fixieren. Der Sockel bleibt frei, damit der Turm stabil steht.

2 Man beginnt oben: Mit Blumenklammern kleine, etwa 20 cm lange Lavendelbüschel so an den Kegel pinnen, dass die Blütenköpfe die Kegelspitze um circa 5 cm überragen. Jedes Bündel sollte aus ungefähr zehn Stielen bestehen. Nimmt man mehr, lockern sich die Klammern.

3 Stetig den Kegel drehend, abwärts weiter arbeiten. 20 cm über dem Boden einen Gummiring über den Kegel streifen und circa 8 cm über dem Sockel fixieren. Ab jetzt befestigt man die Lavendelbüschel nicht mehr mit Klammern, sondern klemmt sie unter den Gummiring.

4 Mit mehreren Strängen Bast oder Schleifenband den Gummiring abdecken und das Gesteck zusätzlich stabilisieren.

5 Zuletzt kann man zur Auflockerung oder zum Auffüllen einzelner Stellen zwischen den Lavendel Rittersporn, Chrysanthemen oder andere Trockenblumen stecken; kurz geschnitten, halten sie auch ohne Klammern. Notfalls nimmt man etwas Schmelzkleber.

Dieses duftende Lavendelbäumchen war in seinem früheren Leben ein Christbaum.

Eine Geste, die immer gut ankommt: vom Lavendelbaum einen Kegel abnehmen und Gästen zum Abschied schenken.

Lavendelbäumchen

Besucher meiner Meadow Lark Flower & Herb Farm waren ganz erstaunt, als ich erzählte, dass wir als Christbaum ein Lavendelbäumchen aufgestellt haben. Fast ein Jahr hatte die nach Weihnachten ausgemusterte kleine Tanne unbeachtet in einer Hofecke verbracht und dabei alle ihre Nadeln abgeworfen.

Mit mattweißem Sprühlack begann die Verwandlung. Dann stellte ich das Bäumchen in einen alten Plastikeimer, legte zum Beschweren Steine hinein und füllte die Zwischenräume mit Montageschaum aus (gibt es in Baumärkten, härtet in einer Stunde). Danach kam der Eimer in einen hübschen Übertopf und auf die Steine eine Lage grünes Blumenmoos. Selbstverständlich können Sie stattdessen auch Ihren Christbaumständer nehmen.

An die Zweige hängte ich kleine, mit Schleifenband umwickelte Lavendelsträußchen und mit Lavendel gefüllte Zierkegel. Hinzu kamen farblich passende duftige Schleifen und traditioneller Christbaumschmuck in Blau- und Lavendeltönen. Mit Meerlavendel setzte ich rosafarbene Farbakzente.

Im Handel gibt es dekorative Adventskegel aus Metall. Aber simple Eistüten tun es auch – einfach mit Gold- oder Silberlack besprühen und als Aufhänger eine kleine Schleife aufkleben – fertig.

In einem schwarzen Plastiksack hält sich der Baum mehrere Jahre. Auch die Trockenblumen und Eistüten bleiben unversehrt, wenn man sie sorgsam aufbewahrt. Holt man die Blumen nach einem Jahr wieder hervor, besprüht man sie mit Wasser und lässt sie dreißig Minuten ruhen. Das macht sie weniger empfindlich und zerbrechlich.

Lavendel-Lady

In meinem Garten wacht meist eine Vogelscheuche. Allerdings erfüllt sie eher einen dekorativen als ihren eigentlichen Zweck. Ich habe nämlich den Eindruck, dass sie Krähen und andere Vögel eher dazu anstachelt, sich die Samen meiner Beete schmecken zu lassen. Doch sie hat nun einmal Tradition und erfreut große wie kleine Besucher. Diese Vogelscheuche habe ich »Lavendel-Lady« genannt – nach der Sorte *L. angustifolia* ›Lady‹, die, zeitig ausgesät, schon im ersten Jahr blüht.

Die Dame trägt ein Kleid, das ich – nomen est omen – lavendelfarben gefärbt habe. Ihr Kopf ist etwas klein geraten – Schuld hatte die Dürre, derentwegen meine Kürbisse zu klein ausgefallen sind. Die Lady bringt den Sommer damit zu, auf mein Lavendelfeld zu schauen und still vor sich hin zu sinnieren. Ich habe sie so geformt, dass sie gemütlich auf einem Heuballen oder einer alten Kabelrolle sitzen kann. Oft geben Händler ausgemusterte Rollen kostenlos ab – hören Sie sich um.

Meine Lavendel-Lady fühlt sich im Garten viel zu wohl, als dass sie ernsthaft die Vögel verscheuchen möchte.

1 Die Schulterbreite des Kleides abmessen und einen Besenstiel oder Stab entsprechend kürzen.

2 Die Stöcke mit Schnur fest zu einem Kreuz zusammenbinden. Das kurze Schulterquerstück sollte etwa 30 cm unterhalb der Spitze sitzen.

3 Das T-Shirt über die »Schultern« ziehen mit Heu ausstopfen. Darüber kommt dann die Strumpfhose. Nachdem auch sie mit Heu ausgestopft ist, in den Schritt ein kleines Loch schneiden. Durch dieses den langen Stock schieben, die Beine in Sitzposition beugen und Hose und Hemd in der Taille mit Schnur gut festbinden.

4 Jetzt das Kleid überstreifen, die Ärmel mit Heu auspolstern und an den Handgelenken mit Bindfaden umschnüren.

5 In den Kürbis ein Loch schneiden und ihn als Kopf oben auf den Stock setzen. Sollte der Stock noch zu sehen sein, lässt er sich mit einem Halstuch kaschieren.

6 Zuletzt werden die Stiefel angezogen und der Hut aufgesetzt. Vielleicht braucht die Lady noch eine Handtasche – aber das gehört zu den modischen Details, die ich ganz Ihnen überlasse.

Sie brauchen:
2 Besenstiele oder Rundholzstäbe
Bindfaden
Heu
1 Kürbis
Säge
Handschere
Kleidung: langärmeliges Kleid, Strumpfhose aus Trikotstoff, Herren-T-Shirt, Hut, Stiefel

KAPITEL ACHT

Lavendel-Potpourris

Das Wort »Potpourri« bedeutet ursprünglich »Eintopf«, im übertragenen Sinn ein buntes Allerlei. In der Musik nennt man so die Zusammenstellung verschiedener Melodien. Außerdem bezeichnet es, und das ist es, was uns hier interessiert, eine Mischung aus duftenden Pflanzen, die Auge und Nase erfreut.

Im Handel gibt es eine schier unermesslich große Auswahl für jeden Geldbeutel und jeden Geschmack. Nicht selten ersetzen hier jedoch gefärbte Holzspäne getrocknete Blüten und Kräuter, und häufig sorgen künstliche Duftstoffe für eine penetrante oder übermäßig süße Note. Lavendelknospen sind zwar in vielen Fertigmischungen enthalten, aber synthetische Aromen überlagern oft ihren zarten Duft. Warum nur? Ich persönlich nehme zum Backen Butter, nicht Margarine, damit der Kuchen auch richtig gut schmeckt. Jede einzelne Kalorie bewusst genießen, das ist mein Credo. Genauso verhält es sich mit Potpourris: je feiner die Komponenten, desto besser das Ergebnis.

Das Zubereiten eines solchen »Eintopfs« ist ein schöpferischer Akt. Man steht vor der angenehmen Qual der Wahl, unverfälschte Zutaten zu kombinieren. Manche Leute vermengen sämtliche Bestandteile und füllen sie, gekrönt von ein oder zwei auffälligen Blüten, in Schälchen und Schächtelchen. Andere arrangieren Potpourris lieber sorgfältig in Schichten oder Reihen.

Vorab sollten Sie wissen, dass vier Dinge ein gutes Potpourri ausmachen: Aroma, Textur, Farbe und Haltbarkeit. Aroma ist ein absolutes Muss, die anderen Kriterien sind es nicht. Denn wer will, kann die Mixtur in ein Porzellangefäß mit gelochtem Deckel füllen, so dass zwar der Duft ausströmt, der Inhalt aber nicht zu sehen ist. Um das Aroma zu verstärken, können Sie das Potpourri

Dieses Potpourri ist eine klassische Kombination aus den Farben Blau und Goldgelb, kombiniert mit dem zarten Duft des Lavendels.

wöchentlich umrühren und leicht andrücken. Wenn der Duft schwindet, lässt er sich mit ein paar Tropfen ätherischen Öls auffrischen. Oder Sie mischen alle sechs Monate ein neues Potpourri an – eine Aufgabe, die für Viele mehr Vergnügen als Arbeit ist.

In punkto Haltbarkeit wird aus Sparsamkeit oder Nachlässigkeit oft ein Auge zugedrückt. Doch wie alle getrockneten Blumen und Kräuter sollte man Potpourris schon allein wegen des Staubs allerspätestens nach zwei Jahren entsorgen. Als ich neulich meinen Anwalt aufsuchte, entdeckte ich im Besprechungsraum ein einst bezauberndes Potpourri-Arrangement, das ich ihm elf Jahre zuvor zum Einzug geschenkt hatte. Zwar waren Farbe und Struktur noch leidlich erhalten und die Mattglasvase unverändert elegant, aber ich musste mich schwer zurückhalten, um den Inhalt nicht in den Papierkorb zu kippen.

Potpourris aus Lavendel und Rosen machen mehr her, wenn man sie nicht in traditionell bunter Mischung präsentiert, sondern zu einem hübschen Muster arrangiert.

Aroma

Lieblingsdüfte sind etwas sehr Individuelles. Geruchswahrnehmungen hängen nicht zuletzt von persönlichen Erfahrungen ab. Manche Gerüche liebt man, weil sie angenehme Kindheitserinnerungen wecken. Ich zum Beispiel muss beim Duft von Sommerphlox immer an die unbeschwerten Stunden denken, die ich als kleines Mädchen mit meinem Lieblingsonkel im Garten verbrachte.

Manche Potpourri-Hersteller achten mehr auf Farbe und Textur und erzeugen den Duft teilweise oder gänzlich durch ätherische Öle. Ich nehme davon möglichst wenig, nur notfalls bei Düften wie Patschuli oder Sandelholz, die in anderer Form nicht erhältlich sind.

Lavendel verleiht Potpourris eine süßliche Note. Beliebt für süßen Duft sind auch Rose, Zitronenstrauch, Rosengeranie, Bergminze, Einjähriger Beifuß, Sonnenwende, Maiglöckchen, Pfingstrose und Gardenie. Kräftige, würzige Duftnoten bringen Bergamotte, Nelken, Gewürznelke, Zimt, Eukalyptus, Zitronen-, Orangen- und Grapefruitschale, Currykraut, Rainfarn, Schafgarbe, Salbei, Wacholder, Sternanis, Patschuli und Sandelholz sowie Fichte und andere Nadelhölzer.

Textur

Pflanzen, die nicht duften, aber reizvoll anzusehen und anzufassen sind, geben Potpourris mehr Struktur und schaffen einen hübschen Kontrast zu zarteren Blüten und Blättern. Ein paar im Ganzen erhaltene Blüten werten Mischungen, die weitgehend aus Bröseln und Blättern bestehen, optisch auf. Versuchen Sie es einmal mit Rosen auf einem Bett von Rosenblättern. Und die filigranen Blüten der Wilden Möhre machen aus jedem Blumen- oder Wald-und-Wiesen-Potpourri ein Kunstwerk.

Eine interessante Textur verleihen kleine Koniferenzapfen, Samenkapseln von Jungfer-im-Grünen und anderen Schwarzkümmelarten, Hagebutten, samtige Weidenkätzchen, Beeren wie Wacholder, kleine und große Samen wie die des Amerikanischen Geweihbaums oder der Hiobsträne, kleine Hortensiendolden, Blätter und Knospen des Wollziest sowie alle im Ganzen getrockneten Blüten von interessanter Form.

Farbe

Viele Billigmixturen kombinieren wahllos die Farben. Am schönsten sehen Potpourris jedoch aus, wenn sie sich in einer Farbpalette oder den Schattierungen einer Farbe bewegen. Bei einem der hier vorgestellten Rezepte habe ich Kornblumen und Hortensien zugefügt, nicht wegen des Dufts, sondern wegen ihrer Struktur und der reizvollen Blautöne. Wollziest hat ebenfalls einen leicht bläulichen Schimmer und dazu eine samtige Textur, die zum Anfassen verlockt.

Bei diesem Potpourri ergänzen sich Lavendel und die Blätter und Blütenköpfe von Rosen.

Doch versuchen Sie es auch mit Kontrasten. Das satte Orange der Ringelblume zum Beispiel gehört zu den warmen Farben, harmoniert aber effektvoll mit kaltem Blau und Violett und gibt Potpourris einen heiteren, sonnigen Touch.

Fixativ

Meist verwendet man ein Fixativ, damit das Potpourri nicht zu schnell »verduftet«. Viele Fixative haben auch einen Eigengeruch und tragen so zur Aromakomposition bei. Am häufigsten geben die Rezepte Veilchenwurzel an, das getrocknete Rhizom der Deutschen Schwertlilie. Man bekommt Veilchenwurzel in Apotheken, Spezialgeschäften oder im Versandhandel. Gehackt eignet sie sich für Potpourris besser als das normalerweise angebotene Pulver, da dieses – wie auch gemahlener Zimt, der ebenfalls als Fixativ verwendet wird – die Zutaten mit einer dünnen Schicht überzieht.

Auch ganze Vanilleschoten, Gewürznelken, Muskatnüsse und Zimtstangen sind aromatische Konservierungsmittel. Penny Black nennt in »The Book of

Potpourri« außerdem leicht erhältliche Fixative wie Kamillenblüten, Korianderkörner, Engelwurz, Süßdolde, Kreuzkümmel sowie die getrockneten Blätter von Zitronenstrauch und Waldmeister. Scheuen Sie sich also nicht, die in Rezepten oft angegebene Veilchenwurzel durch andere Stoffe zu ersetzen.

Black empfiehlt, ätherische Öle, Gewürze und andere stark duftende Komponenten mit dem Fixativ zu vermengen und zwischen den Fingern zu zerreiben, ehe man sie mit den Blüten, Blättern und übrigen Zutaten vermischt. Damit der Duft länger hält, sollte man die Mixtur sechs Wochen luftdicht verschlossen ruhen lassen.

Rezepte für Potpourris

Hier sind drei meiner Lieblingsrezepte auf Lavendelbasis. Wie bei jedem Potpourri können Sie Ingredienzen durch Blumen, Blätter und Aromaspender, die Sie besonders gern mögen, ersetzen oder ergänzen.

Lavendel mit Rosen

1 Die Lavendelknospen mit dem Öl mischen und in ein dekoratives flaches Gefäß füllen.

2 Die schönste getrocknete Rose in die Mitte legen und darum herum ein Muster aus Rosenknospen und -blüten drapieren.

3 Wenn der Duft verfliegt, die Lavendelknospen sanft zwischen den Fingern reiben. Lockern Sie den Lavendel leicht, ohne das Rosenmuster zu zerstören.

Sie brauchen:
0,7 l Lavendelknospen
3 Tropfen ätherisches Lavendelöl
0,2 l Rosenknospen und -blüten

Hochzeits-Potpourri

Viele Frauen möchten ihren Brautstrauß und andere florale Hochzeitsdekorationen konservieren, doch fällt ihnen das leider oft erst in den Flitterwochen ein. Dann kommen hektische Hilferufe aus fernen Urlaubsorten an die Mutter, und die landen am Ende nicht selten bei Experten wie mir. Sind die Blumen zwei Tage alt oder noch älter, kann ich ihre Pracht natürlich nicht annähernd wiederherstellen. In solchen Fällen habe ich drei andere Lösungen zu bieten: frischen Ersatz kaufen und trocknen, die Originale zum Kompost geben oder sie für ein Hochzeits-Potpourri verwenden.

Für ein solches Potpourri wähle ich am liebsten dekorative Schalen oder Teller, an denen Erinnerungen haften – ein Familienerbstück, eine Antiquität oder ein Hochzeitsgeschenk.

Ein Brautstrauß lebt als Potpourri weiter: mit Lilien und Flieder als Eyecatcher und winzigen Lavendelbüscheln als Duftspender.

1 Den Brautstrauß und andere Arrangements – Sträuße der Brautjungfern, Tischdekoration, Altarschmuck – auseinandernehmen. Die Blumen zum Trocknen in kleinen Bündeln aufhängen oder auf Fliegengitter ausbreiten. Laub trockne ich zwischen Lagen von Zeitungspapier unter meinem Wohnzimmerteppich.

2 Nun die Ergebnisse sichten und die schönsten beiseite legen. In der Regel sind es Pflanzen wie Rosen, Farnkraut, Efeu, Schleierkraut, Erika und Rittersporn, die sich besonders gut zum Trocknen eignen. Entfernen Sie alles, was braun und unansehnlich geworden ist.

3 Zu den gut erhaltenen Blüten und Blättern 0,1 l Lavendelknospen und 0,7 l anderweitig gesammelte Potpourri-Vorräte geben.

4 Ein Fixativ (siehe Seite 108) sowie 5–6 Tropfen eines ätherischen Öls hinzufügen, dessen Duft zu den Blumen oder zur Jahreszeit der Heirat passt – Maiglöckchen, Lavendel oder Rosen für Frühling und Sommer, würzigere Aromen für Herbst und Winter.

5 Zuletzt das Potpourri mit großen Blüten krönen.

Sie brauchen:

450 ml Lavendelknospen
450 ml Kornblumen
450 ml blaue Hortensienblüten
450 ml Wollziest
ganze Blüten von Sonnenblume, Dahlie und Zinnie
4 Tropfen ätherisches Lavendelöl
3 Tropfen ätherisches Patschuliöl

Muntermacher

Blau lässt Orange strahlen – ein simples Rezept, das die Stimmung aufhellt.

1 Die Öle unter die Lavendelknospen mengen, die Mixtur zudecken.

2 Nach einigen Wochen die übrigen Zutaten hinzugeben und darauf Sonnenblumen, Dahlien oder Zinnien verteilen.

KAPITEL NEUN

Kochen mit Lavendel

Lavendel gehört zur Familie der Minzen, die wegen ihres ausgeprägten Aromas häufig in der Küche Verwendung finden. In der französischen Küche nimmt man ihn gern für ein »Bouquet garni«, ein Gewürzsträußchen aus »Herbes fines de Provence«, das man vor dem Servieren wieder entfernt. Traditionell gehören zu dieser Mischung Petersilie, Schnittlauch, Estragon, Thymian und Kerbel, außerdem ein oder mehrere Zweige Basilikum, Fenchelgrün, Safran – und auch Lavendel. Die Kräuter sollen den Geschmack der Hauptzutaten unterstreichen, aber nicht überlagern.

Einige Lavendelsorten haben ein unverwechselbares Aroma. Ein gutes Indiz dafür, ob es Ihnen mundet, ist der Duft. Bei den kampferartig riechenden Sorten ist Vorsicht angesagt. Lieblich duften und schmecken alle Sorten der Art *angustifolia*. Ich persönlich bevorzuge die in amerikanischen und europäischen Gärten weit verbreitete Sorte ›Hidcote‹.

Für den Verzehr sollte Lavendel – wie alle essbaren Blumen und Kräuter – rein und frei von Pestiziden sein. Am besten fahren Sie, wenn Sie ihn selbst ziehen, im Garten von Freunden ernten, im Bioladen oder beim Biobauern beziehen. Gärtnereien, die Lavendel als Duft- oder Zierpflanze anbauen, halten nicht unbedingt die für Lebensmittel wünschenswerten Standards ein. Weil Lavendel so gut wie keine schädlichen Insekten anzieht, ist die Wahrscheinlichkeit gering, dass er chemisch behandelt wurde. Doch es ist immer besser, genau zu wissen, was man isst.

Bei frischem wie getrocknetem Lavendel ist weniger mehr. Ein halber Teelöffel getrockneter Lavendel verleiht eine feine Geschmacksnote, drei Teelöffel können beim selben Rezept des Guten zu viel sein. Durch die geschrumpften Knospen und den konzentrierten Ölgehalt hat getrockneter Lavendel – wie viele

Lavendel gibt süßen wie pikanten Speisen eine raffinierte Note.

Kräuter und Gewürze – mehr als doppelt so starke Würzkraft wie frischer. Zerreiben Sie Trockenkräuter vor der Verwendung sanft zwischen den Fingern, um ihr Öl freizusetzen.

Man benutzt Lavendel zum Aromatisieren von Zucker, Gelees, Kuchen und Desserts, die Blüten auch für Salate und pikante Speisen wie Eintopf und Schmorbraten. Zusammen mit etwas getrockneter Orangenschale gibt er solchen Gerichten einen exquisiten Touch. Auch Senfmischungen mit Lavendel, Honig und Minze habe ich schon probiert.

Doch nicht nur die Blüten lassen sich verwenden, sondern auch junge Blätter. Kräuteressig zum Beispiel sieht besonders hübsch aus, wenn man einige beblätterte Stängel mit in die Flasche steckt.

Hier noch ein Grilltipp: Geben Sie beim Grillen von Huhn oder Fisch einige Minuten vor Ende der Garzeit ein paar getrocknete Zweige Lavendel (auch Rosmarin und andere Kräuter eignen sich) auf die Holzkohle. Das ätherische Öl sorgt für ein wundervolles Aroma. Ihre Gäste werden es vielleicht nicht sofort identifizieren, aber unter Garantie nach dem Rezept fragen.

Waschen Sie ein Deckelglas aus, füllen Sie es mit getrockneten Lavendelknospen, etikettieren Sie es, befestigen Sie mit Goldband Ihr Lieblingslavendelrezept daran – und schon haben Sie ein kleines Geschenk, das mit Sicherheit gut ankommt.

Lavendel-Hähnchen

Sie brauchen:

- 3 enthäutete in Streifen geschnittene Hühnerbrustfilets oder 6 enthäutete Hühnerschenkel (mit Bein)
- 1 EL Butter
- 200–250 g geschälte kleine weiße Zwiebeln
- 100 ml trockener Weißwein
- 3 Knoblauchzehen
- 1/2 TL getrocknete Lavendelblüten
- 3 Streifen Orangenschale
- Salz und Pfeffer

Mit diesem Hauptgericht können Sie Ihre Familie oder Gäste verwöhnen. Es reicht für sechs Personen, ist schmackhaft, leicht zuzubereiten und wegen des niedrigen Fettgehalts gesund. Sein Duft lässt Ihnen schon beim Kochen das Wasser im Munde zusammenlaufen.

Mit einem scharfen Messer, Sparschäler oder Zestenreißer hauchfeine Streifen der äußeren Schale einer unbehandelten Orange abziehen (das weiße Innere schmeckt bitter). Butter in einer Teflonpfanne zergehen lassen und das Fleisch darin von allen Seiten anbräunen. Zwiebeln zugeben, ebenfalls schnell anbräunen, die restlichen Zutaten zufügen und alles zugedeckt 30 Minuten köcheln lassen. Knoblauch und Orangenschale entfernen, mit Orangenfilets und frischen Lavendelzweigen garnieren. Dazu passt Reis oder Couscous.

Kartoffelsalat mit Kräutern

Leichte Salate werden bei Gartenfesten oder Picknicks immer geschätzt. Für eine schmackhafte Sauce nehme ich lieber Joghurt als fettarme Mayonnaise.

Die sauber gewaschenen Kartoffeln ungeschält weich, aber noch bissfest kochen, abgießen und auskühlen lassen. Mit der Schale je nach Größe in Scheiben schneiden oder halbieren. Kräuter und Gewürze mit Joghurt vermischen, vorsichtig unter die Kartoffeln heben, mit Blüten garnieren und kühl stellen. Das Rezept ergibt sechs Portionen.

Sie brauchen:

knapp 1,5 kg kleine, neue Kartoffeln
200 ml Magermilchjoghurt
450 ml gehackter Liebstöckel (oder Selleriekraut)
100 ml gehackter Schnittlauch (oder Grün von Frühlingszwiebeln)
1 EL frische Lavendelblüten (oder 1/2 TL getrocknete Knospen)
Salz und Pfeffer
2 EL Dijon-Senf
100 ml essbare Blüten (z.B. von Borretsch, Ringelblume, Schnittlauch, Dill) und Blätter von Rotem Basilikum zum Garnieren

Ungewöhnlich, aber köstlich und bekömmlich: Kartoffelsalat mit Lavendel.

Sie brauchen:

keimfrei gereinigte Flasche mit Schraubverschluss oder Stöpsel (Fassungsvermögen 200–250 ml)
200–250 ml Weißweinessig
2 Zweige Rotes Basilikum
2 Stängel Lavendel
1 Zweig Rosmarin
6 dicke Blaubeeren

Lavendelessig

Essig durch einen Trichter knapp randvoll in die Flasche gießen. Kräuterstiele kürzen, so dass sie aufrecht in die Flasche passen. Gewaschene Kräuter und Blaubeeren zugeben, verschließen, etikettieren. Zwei Wochen ziehen lassen, gelegentlich schütteln. Das Basilikum sorgt für eine rosige Färbung. Kühl lagern.

Sie brauchen:

6 mittelgroße bis große säuerliche Äpfel (z.B. Granny Smith)
50 ml Zitronensaft
100 ml Honig
300 ml trockenen Rotwein
nach Wunsch 50 ml Cassis (schwarzer Johannisbeerlikör)
1/2 TL Vanilleextrakt (oder Mark einer Schote)
2 schwarze Pfefferkörner
1/4 TL Muskat
1/4 TL Kardamom
1/4 TL getrocknete Lavendelknospen
200 ml helle oder dunkle Rosinen

Apfelkompott mit Lavendel

Dieses Dessert ist schnell gemacht, leicht und süß, aber erfrischend. Im Herbst und Winter sind Birnen, im Sommer Pflaumen oder Pfirsiche eine köstliche Alternative zu den Äpfeln. Man kann auch andere Früchte beimengen oder – als frischen, herben Kontrast – kurz vor Ende der Garzeit Filets von rosa Grapefruit oder Orangen dazugeben.

Äpfel halbieren, schälen und entkernen. Mit den Schnittflächen nach unten in eine Kasserolle (Durchmesser 25–30 cm) legen. Übrige Zutaten vermischen, über die Äpfel gießen. Zum Kochen bringen, Hitze sofort reduzieren und alles zugedeckt dünsten. Nach 15 Minuten mit einer Gabel prüfen, ob die Äpfel weich sind. Falls nicht, weitere 5–10 Minuten dünsten. Ist das Ergebnis zu weich, hat man eine delikate Apfelsoße (lecker zu Eiscreme). Äpfel und Rosinen mit dem Schaumlöffel in eine Servierschüssel füllen. Den Saft noch etwas einkochen, über die Äpfel gießen und das Kompott auskühlen lassen. Mit frischem Lavendel oder anderen essbaren Blüten garnieren. Das Kompott mit Eis, Schlagsahne oder gekühltem Joghurt servieren. Die Menge reicht für sechs Portionen.

Ein Kunstwerk für festliche Anlässe: Zitronentarte, verziert mit kandierten Lavendelzweigen, Ringelblumen- und Rosenblüten.

Kandierter Lavendel zum Garnieren

Sie brauchen:
feinen weißen Zucker
1 Eiweiß, verrührt mit 1 TL Wasser
verschiedene frische Blumen und Blätter

Kandierte Blüten sind ein festliches Dekor für Hochzeitstorten, Gebäck und Desserts. Früher hatte man keine Bedenken, sie zu verzehren, doch ich rate davon ab, da sie mit rohem Ei hergestellt werden. Trotzdem sollte man auf jeden Fall essbare Pflanzen verwenden. Sie können alle Blumen und Kräuter verwenden, die dekorativ aussehen, Blattwerk ebenso wie Blüten. Ein Klassiker sind Röschen und Lavendel. Kandieren kann man sie schon eine Woche vor Gebrauch – Kinder werden Ihnen begeistert helfen. Ist die Zeit knapp, sparen Sie sich einfach die Arbeit: frische Blüten machen fast genauso viel her.

Blumen und Kräuter waschen. Flach ausgebreitet 30 Minuten trocknen lassen. Eiweiß und Wasser mit einer Gabel verschlagen. Mit der Mischung eine Blüte rundum bepinseln, Stiel und Zwischenräume der Blütenblätter nicht aussparen. Etwas Zucker auf einen Teller geben, Blüte darin wenden, für schwer erreichbare Stellen einen Teelöffel nehmen. Behutsam schütteln, um überschüssigen Zucker zu entfernen. Auf Backpapier über Nacht trocknen lassen. War die Eiweißschicht zu dick, mit einem Löffel abermals Zucker aufstreuen. Sobald der Zucker getrocknet ist, die Blüten bis zum Gebrauch in Deckelbehältern (jeweils nur eine Lage einfüllen) lagern.

Zitronenkuchen mit Lavendel

Sie brauchen:

Teig

200 g Butter
200 g Zucker
2 Eier
1 EL abgeriebene Schale einer unbehandelten Zitrone
1 TL getrocknete Lavendelknospen (vom Stängel ohne Blätter)
300 g gesiebtes Mehl
1 TL Backpulver
1 Prise Salz
200 ml Milch

Glasur

100 ml Zucker
100 ml frisch gepresster Zitronensaft
1/2 TL Lavendel
1 TL geriebene Zitronenschale

Zu einem Buffet steuerte ich einen Auflauf bei und erbat einen Kommentar. Einige Gäste konnten den Lavendel nicht ausmachen, fanden den Kuchen jedoch köstlich. Andere meinten zunächst, etwas mehr Lavendel hätte nicht geschadet, schmeckten ihn dann aber deutlich heraus. Eine Frau sagte, das Aroma würde sich beim Essen verstärken. Ich finde, Köche sollten stets nach eigenem Geschmack würzen – und ich bevorzuge in diesem Zusammenhang das Understatement. Dieser saftige Kuchen hat ein feines Lavendelaroma und schmeckt zum Tee ebenso gut wie als Nachtisch. Wer will, kann dem Teig mehr (doch höchstens 1/2 Teelöffel) Lavendelknospen beigeben.

Den Ofen auf 160–170 °C vorwärmen. Butter und Zucker cremig rühren. Die Eier nacheinander unterrühren. Zitronenschale und Lavendel zugeben. Mehl mit Backpulver und Salz vermischen, abwechselnd mit der Milch unter die Schaummasse rühren, bis der Teig glatt ist (nicht zu lange rühren). Den Teig in eine gefettete Auflaufform (ca. 22 x 12 x 7 cm) füllen und die Oberfläche mit einem Messer glätten. Etwa 1 Stunde backen. Mit einem Holz- oder Metallspieß in die dickste Stelle stechen; bleiben keine Teigreste kleben, ist der Kuchen fertig.

Gegen Ende der Backzeit die Glasurzutaten in einem kleinen Topf vermengen, Lavendel vor dem Zugeben zwischen den Fingern zerreiben. Unter Rühren aufkochen und vom Herd nehmen, wenn der Zucker gelöst ist. Den Auflauf mit einem Zahnstocher mehrfach anstechen und die Glasur langsam darüber gießen, bis sie restlos verbraucht ist. Den Auflauf etwas abkühlen lassen, dann aus der Form nehmen. Vor dem Schneiden am besten 10–12 Stunden ruhen lassen.

Zitronenkuchen mit Lavendel ist ein feiner Nachtisch oder Begleiter zum Tee, lässt sich gut schneiden und schmeckt einfach himmlisch.

Bezugsquellen

Vorgezogene Lavendelpflanzen erhalten Sie in vielen gut sortierten Gärtnereien sowie in Ihrem Gartencenter. Beachten Sie auch die wechselnden Angebote bei Internetauktionen. Nachfolgend eine kleine Auswahl von Versandhändlern, die Lavendelpflanzen anbieten:

Lavendelpflanzen

Bakker Holland
22922 Ahrensburg
Pflanzenversand Ammersbek
Kremerbergweg 1, 22926 Ahrensburg
Tel. 0 41 02-49 91 11
Fax 0 41 02-49 91 22

Gärtnerei Rühlemann's
Kräuter & Duftpflanzen
Auf dem Berg 2
27367 Horstedt
Tel. 0 42 88-92 85 58
(Mo–Fr von 9 bis 12 Uhr)
Fax 0 42 88-92 85 59

OBI@OTTO
20088 Hamburg
Tel. 01 80-5 03 00 03
Fax 01 80-5 30 35 35

Raritätengärtnerei Treml
Eckerstraße 32
93471 Arnbruck
Tel. 0 99 45-90 51 00
Fax 0 99 45-90 51 01
E-Mail: treml@pflanzentreml.de

Bild links: Aus Samen gezogener Lavendel ›Lady‹ feiert seinen zweiten Geburtstag neben einer Strauchrose der Sorte ›Ferdy‹.

Lavendelsamen

FLORAKOM®
Heinrichstraße 3
D-46284 Dorsten
Tel. 0 23 62-60 47 93
Fax 0 23 62-60 47 94

Samenshop24
Kirchdorfer Str. 177
D-26605 Aurich
Tel. 0 49 41-97 25 46
Fax 0 49 41-99 89 34

Lavendelöle und -essenzen

EURL Artisane
Geschäftsführer: Frank Stockbrügger
La Ferme Bois de Gavay
Route de St. Didier
F-84210 Le Beaucet
Tel. 0 23 89-95 10 68 oder
08 00-5 03 56 96 (gebührenfrei)
oder 00 33-4-90 29 79 22
Fax 0 23 89-95 10 67 oder
00 33-4-90 29 70 45

Kundenservice EURL Artisane
Varnhöveler Str. 5a
D-59368 Werne
Tel. 0 23 89-95 10 68 oder
08 00-5 03 56 96 (gebührenfrei)
Fax 0 23 89-95 10 67
E-Mail: info@artisane.de
Internet: http://www.artisane.de

Kneipp-Gruppe
Steinbachtal 43
97082 Würzburg
Tel. 09 31-8 00 20

Melaleuka GmbH Roderich Krieger
Luisenstr. 17
66125 Saarbrücken
Tel. 0 68 97-7 71 88
Fax 0 68 97-76 81 77
E-Mail: kunden@melaleuka.de

Calendula Kräutergarten
Dieter Berweiler
Dipl.-Ing.(FH) Gartenbau,
Heilpraktiker
Storchshalde 200
(früher Aldinger Str. 200)
70378 Stuttgart-Mühlhausen
Tel. 07 11-53 06 94 73
Fax 07 11-5 30 29 42
www.calendula-kraeutergarten.de

Ekkharthof Gärtnerei
CH-8574 Lengwil, Schweiz
Tel. +41-(0)71-6 86 66 55
Fax +41-(0)71-6 86 66 56

Wadi GmbH
Danziger Str. 62
85748 Garching
Tel. 0 89-28 91 45 85

Literatur

Aschenbrenner, Eva: *Die Kräuterapotheke Gottes.* Franck-Kosmos 2004

Braunschweig, Ruth von: *Lavendel, Teebaum und Manuka,* Gräfe & Unzer 1998

Englbrecht, Jolanda: *Kräutergarten.* Gräfe & Unzer 2004

Evelegh, Tessa, Patterson, Debbie: *Vom Zauber des Lavendels.* Christian 2000

Kräuter & Gewürze. Bestimmen, anbauen und verwenden. Gondrom 2005

Kreuter, Marie-Luise: *Kräuter und Gewürze aus dem eigenen Garten.* BLV 2003

Lambert Ortitz, Elisabeth: *Kräuter, Gewürze und Essenzen.* Christian 2005

Samel, Gerti: *Lavendel.* Südwest-Verlag 1998

Stahl, Horst: *Bonsai.* Vom Grundkurs zum Meister. Franck-Kosmos Verlag 2001

Tisserand, Maggie, Jünemann, Monika: *Zauber und Kraft aus Lavendel,* Wildpferd Verlag 1995

Register